L'ANCIENNE VOIE
Retrouvée

CE QUE L'ÉGLISE PRIMITIVE SAVAIT...

M. James Jordan

©2025

L'ancienne Voie Retrouvée – par M. James Jordan
Première édition publiée par Fatherheart Media 2014

Taupo, Nouvelle-Zélande 3330
www.fatherheart.net

Conception de la couverture et mise en page par Tom Carroll

ISBN: 978-1-0670573-0-5

Tous droits réservés. Aucune partie de cette publication ne peut être reproduite, stockée dans un système de recherche documentaire ou transmise sous quelque forme ou par quelque moyen que ce soit – par exemple, électronique, photocopie, enregistrement – sans l'autorisation écrite préalable de l'éditeur. La seule exception est une citation brève dans les revues imprimées.

Si le texte biblique n'est pas traduit directement de l'anglais, il est issu de la bible version Segond 21 Copyright © 2007 Société Biblique de Genève ou de la version Louis Segond 1910 de l'Alliance Biblique Universelle. Reproduit avec leurs aimables autorisations. Tous droits réservés.

Pour d'autres livres, livres électroniques, CD, DVD ou MP3 de James et Denise Jordan, merci de visiter www.fatherheart.net/store. Livraison internationale disponible.

Équipe de traduction en français (par ordre alphabétique) : Jean, Sylvie et Frédéric Cathignol, Carole Delmas.

*Dédié à la famille internationale de
Fatherheart Ministries*

SOMMAIRE

Remerciements	9
L'Ancienne Voie	11

PREMIÈRE PARTIE

1. Les Deux Arbres	25
2. Ouvrir les Yeux du Cœur	57
3. La Troisième Loi	81

DEUXIÈME PARTIE

4. Passer d'un Christianisme Orphelin au Christianisme de Fils	119
5. Le Véritable Caractère Chrétien	143
6. Vaincre le Monde – La Bataille des Émotions	173
7. Demeurer dans l'Amour	193

Une Invitation…	219
Media Fatherheart	221

Remerciements

Ce livre est le résultat de nombreuses années passées à chercher l'aide du Seigneur et des réponses aux luttes que ma femme Denise et moi avons traversées ensemble. C'est généralement le cœur désespéré qui crie à Dieu le plus fort. La plupart des choses écrites ici me sont venues par une révélation directe. Le thème concernant Les Deux Arbres a été révélé à Denise en premier et nous avons convenu de l'inclure ici tel que je le vois et l'enseigne.

Mes remerciements vont avant tout à Denise qui m'a aimé au-delà de la raison et qui a été si patiente avec moi pendant les quarante années et plus durant lesquelles nous avons marché ensemble et nous avons appris ces choses.

Je veux aussi remercier tout particulièrement Stephen Hill qui a recherché des heures entières de nombreux messages prêchés pour rassembler les points saillants en un texte intelligible. Ses capacités et ses niveaux de concentration me surprennent.

Je suis reconnaissant à Alice Adams et Tom Carroll qui ont donné de bon cœur leurs efforts et leur temps. Alice pour son travail d'édition et de relecture et Tom pour son travail de conception et de présentation. Merci.

Je tiens à remercier la grande famille de Fatherheart Ministries autour du monde avec laquelle j'ai vécu différentes vies communautaires au cours des dix-sept dernières années. Dans le calme de cette vie de famille, j'ai trouvé l'amour et le repos nécessaires pour « voir » des choses que je n'aurais pas pu voir autrement.

Je suis reconnaissant à tous ceux qui ont joué un rôle dans ma vie au fil des ans. Ma vie n'est pas seulement le produit de l'œuvre du Saint-Esprit en moi, mais aussi le produit de ceux qui ont marché avec moi. Même ceux qui semblaient avoir été contre moi à certains moments ont joué un rôle dans ce que je suis maintenant. Toutes choses ont travaillé ensemble pour mon bien et je suis reconnaissant pour toutes les façons dont le Corps de Christ a exercé son ministère sur moi.

L'encouragement à mettre tout ceci sous forme de livre est venu de tant de personnes dans différents endroits du monde. Il est impossible de tous les citer par leur nom.

J'espère que les efforts des nombreuses personnes qui ont réalisé ce livre seront une joie pour notre Père céleste et une bénédiction pour tous ceux qui prendront le temps de le lire. Je le soumets à vous tous, chers frères et sœurs du Corps de Christ.

M. James Jordan

L'Ancienne Voie

Il y a quelques années, j'ai eu la vision d'un chevalier sur un cheval blanc qui dansait en traversant une forêt ancienne et profonde. Pendant cette vision, que je décris en détail dans mon livre « *Sonship* »[1], il est soudainement devenu clair pour moi que je me tenais sur une ancienne voie. Serpentant à travers la forêt, elle était presque invisible, tant elle était envahie de broussailles et d'herbes. Mais c'était une route sur laquelle le Saint-Esprit (représenté par le cheval blanc) voyageait fréquemment. Étonnamment, cette route sur laquelle le cheval blanc dansait était *rarement empruntée* par d'autres personnes.

Quelle est cette ancienne voie et d'où vient-elle ? Il est tout aussi important de savoir où va cette route. Vers quelle destination se dirige-t-elle ?

Je me demande maintenant si l'Évangile qui a été présenté à la plupart d'entre nous n'est pas en fait, pour reprendre les termes de Paul dans Galates 1:6, « un autre évangile ». La majeure partie de ce que nous avons entendu n'a pas vraiment été de bonnes nouvelles. Des milliers de personnes ont cessé d'aller à l'église parce qu'elles n'y trouvaient plus de plaisir. Que se passe-t-il ? Qu'est-ce qui a mal tourné ? Ma conviction est que nous avons eu une version du christianisme qui prétend être une bonne nouvelle mais qui en

---

1. Ndlr : Le livre « Sonship » disponible en français a été traduit par « Un Cœur De Fils »

réalité ne l'est pas. Nous avons été tellement endoctrinés que même lorsque nous sommes épuisés dans notre service du Seigneur, nous continuons à dire que c'est une « bonne nouvelle ». C'est absurde. Cela ne tient pas debout.

De nombreux chrétiens ont découvert que le type d'Évangile qu'ils ont assimilé les a conduits à la spiritualité de la sueur et de l'effort qui ne mène qu'à l'épuisement. Elle est alimentée par l'obligation, le devoir, la culpabilité et la condamnation. Il existe même un enseignement soi-disant « chrétien » sur la manière d'éviter le burn out. Comme c'est ridicule ! Comme s'il fallait s'attendre à ce que le burn out fasse partie de la routine de la vie chrétienne. Laissez-moi vous le dire très clairement : si vous êtes sur la route de l'épuisement, vous êtes carrément sur la mauvaise route. Il n'y a pas de frontière ténue entre le burn out et le service du Seigneur. Il y a un gouffre béant ! Le burn out vient du travail dans la puissance de la chair – il n'y a aucun doute là-dessus ! Vous *ne pouvez pas* vous épuiser si vous marchez et travaillez dans l'Esprit. Jésus a dit que son joug est facile et que son fardeau est léger.

Je ne crois pas qu'il y ait de liberté, de joie, de repos en dehors de l'amour du Père. Nous avons vécu un christianisme qui est handicapé par un manque de révélation du Père. Pour le dire simplement, nous avons vécu un christianisme basé sur deux révélations ; celle de Jésus comme Sauveur et Seigneur et celle de la présence du Saint-Esprit. C'est comme essayer de tenir en équilibre sur un tabouret à deux pieds. Autrement dit, le fondement de notre christianisme est incomplet. Il manque quelque chose de vital. Jusqu'à présent, nous n'avons eu qu'une compréhension conceptuelle plutôt qu'une révélation du Père. Qui plus est, nous avons eu une compréhension *imparfaite* de qui est le Père.

Lorsque le Saint-Esprit s'est abattu sur Toronto en 1994, il annonçait un nouveau jour dans l'Esprit. Il y avait une nouvelle ouverture à la révélation du Père. Avant 1994, prêcher sur le Père, ce que je faisais depuis 1979, c'était comme essayer de pousser de l'eau vers le sommet avec un râteau. Cela ne touchait pas le cœur des gens. A l'exception de Jeunesse En Mission qui avait invité Jack Winter à exercer son ministère librement, mon impression était que la révélation du Père avait peu ou pas d'impact. Cependant, lorsque le Saint-Esprit a touché Toronto, tout a changé du jour au lendemain. L'atmosphère spirituelle a changé dans le monde entier. Ceux qui avaient été touchés par ce qui se passait à Toronto sont soudainement devenus ouverts et désireux de connaître l'amour du Père pour eux-mêmes. Ce changement était flagrant pour moi car j'étais l'un des rares à avoir prêché sur l'amour du Père et à en avoir fait l'expérience. Un tournant s'est produit dans l'histoire de l'Église.

Vingt ans se sont écoulés depuis et il est extraordinaire de voir comment Dieu se révèle comme Père dans le monde entier. Cette révélation a atteint toutes les dénominations et tous les courants du Corps de Christ et nous entendons des témoignages sur la façon dont elle atteint, au-delà de l'Église, le cœur des individus de toutes les couches de la société. Bien sûr, tous ceux qui ont été touchés par ce qui s'est passé à Toronto n'en ont pas véritablement saisi la signification. Nombreux sont ceux qui se sont concentrés uniquement sur les effets physiques de la présence de Dieu dans les réunions.

Je crois cependant qu'en regardant en arrière nous verrons que 1994 a été l'année où la révélation du Père a commencé à être rétablie dans l'Église. L'année 1994 a été le début d'une ère nouvelle et significative dans l'histoire de l'Église. La puissance de Dieu s'est alors déversée avec force, ce qui était merveilleux. Cependant, un mouvement de l'Esprit sans une révélation de la Parole se dissipera inévitablement et finira par disparaître. L'Esprit et la Parole doivent aller de pair pour construire l'Église. La révélation de la Parole a suivi l'effusion de l'Esprit à Toronto. Le fleuve de l'Esprit est également un fleuve de révélation dans la Parole. Personnellement, j'ai eu l'impression de me tenir dans un fleuve de révélation au cours des vingt dernières années. La révélation de la Parole se manifeste de manière de plus en plus rafraîchissante. Le centre de gravité du christianisme tel que nous le connaissons s'est déplacé. L'ancienne voie de Jésus et des Apôtres est retrouvée.

Il devient très clair que le christianisme qui nous attend est différent de celui qui nous a précédés. Ce dans quoi nous entrons est d'une nature très différente de ce que nous avons connu auparavant. Lorsque j'ai commencé à m'en rendre compte, j'ai réalisé à quel point la révélation originale de Jack Winter, selon laquelle l'amour du Père est une substance qui peut être transmise, avait été incroyable et avait fait faire un bond en avant. C'est de ce tournant qu'est né tout le reste de cette révélation. Elle nous a fait passer de l'ère charismatique à une autre ère. Nous sommes passés de l'ère de la puissance et des dons du Saint-Esprit à celle de l'amour du Père qui peut être expérimenté. C'était un saut énorme – celui de passer de ce qui n'était qu'un *concept*, à savoir que Dieu vous aime, à *l'expérience* de Dieu *en train de vous aimer*. Ce n'était pas seulement un changement de paradigme théologique, c'était un pas au-delà des limites de l'expérience chrétienne. Je crois que *cette* révélation révolutionnaire a été le catalyseur qui a permis d'inaugurer une nouvelle ère du christianisme.

Maintenant que nous commençons à faire l'expérience du Père, nous le voyons sur chaque page de la bible. La bible entière devient comme un nouveau livre. Lorsque nous recevons une révélation, elle jette une lumière entièrement différente sur l'ensemble de notre théologie. De nombreuses vaches sacrées auxquelles nous nous sommes fermement accrochées sont exposées à la lumière de cette nouvelle révélation. Il y a quelques temps, un homme m'a dit après une réunion : « James, tu viens de labourer ma théologie ! » J'ai pensé que c'était un commentaire juste parce que j'ai moi aussi expérimenté comme une charrue traversant *ma* théologie.

Cette révélation du Père change radicalement notre expérience et notre compréhension du christianisme. Cependant, ce n'est pas que nous découvrons quelque chose de nouveau, car cela transparaît dans toutes les Écritures. La bible en est remplie et, lorsque vous vous éveillez à cette révélation, vous la voyez partout. Il faut alors du courage pour grandir en elle et s'y accrocher, même si l'on doit marcher seul et que ceux avec qui vous êtes en communion ne la comprennent pas. Je dis toujours aux personnes qui la reçoivent qu'ils ne doivent pas être pressés de la partager avec les autres. Il vaut mieux grandir dans cette révélation jusqu'à ce qu'elle commence à déborder du vase que vous êtes. Au fur et à mesure que vous grandirez et que vous en profiterez pour vous-même, il arrivera inévitablement un moment où les gens commenceront à remarquer quelque chose de différent chez vous. Lorsqu'ils vous le demanderont, dites-le-leur – mais pas avant ! Ne vous sentez pas obligé de persuader les gens s'ils ne vous entendent pas. S'ils ne l'entendent pas, c'est tout simplement qu'ils *ne peuvent pas* l'entendre. La révélation n'est pas quelque chose que l'on peut faire avaler de force à quelqu'un. La connaissance peut l'être, mais la révélation se saisit ou ne se saisit pas. Soit une personne la reçoit, soit elle ne la reçoit pas. C'est aussi simple que cela.

Au fur et à mesure que nous expérimentons l'amour du Père, nos points de vue sur les choses changent. L'une de ces choses, par exemple, est que la centralité du cœur prend une importance fondamentale. Lorsque vous ne faites pas l'expérience de l'amour, ce que vous possédez sur l'amour se limite à la connaissance que vous en avez. Mais l'amour ne peut être vécu que dans le cœur. Votre cœur doit être ouvert pour recevoir l'amour. Vous pouvez recevoir un nouvel enseignement *à propos de* l'amour, mais il faut vivre une expérience dans votre cœur pour recevoir *la réalité* de l'amour. Lorsque nous commençons à faire l'expérience qu'Il nous aime, de plus en plus nos cœurs se concentrent sur cette expérience. La condition de notre cœur est mise comme sous une loupe et nous commençons à réaliser à quel point le cœur est important.

En conséquence, nous constatons que de nombreux aspects de notre conception du christianisme changent de manière très dynamique. C'est là l'essentiel. Votre cœur seul n'est pas seulement important. En réalité, il est *vital*, parce que c'est votre cœur qui change. La connaissance est une chose qui relève de la pensée mais la compréhension relève du cœur. De nombreux versets du livre des Proverbes en parlent. Permettez-moi de vous donner un conseil. Si vous lisez quelque chose dans les Écritures et que vous ne le comprenez pas, vous devez vous demander s'il y a quelque chose dans votre cœur qui vous empêche de le comprendre. Vous devez vous interroger parce que la compréhension est une question du cœur. Proverbes 14:6 dit très clairement : « ...la connaissance est facile pour celui qui comprend. » Les Écritures nous disent de chercher continuellement à comprendre car, lorsque vous comprendrez au niveau du cœur, alors vous verrez et vous aurez la clarté de la connaissance.

Dans notre relation avec Dieu, nous sommes en relation de cœur à cœur avec lui. Il ne regarde pas les apparences extérieures mais le cœur. Il est lui-même une personne de « cœur ». Allez jusqu'au bout de la logique : s'il regarde votre cœur et que vous faites quelque chose pour lui qui ne vient pas de votre cœur, il ne le remarque même pas. Nous faisons tellement de choses pour Dieu qui sont purement des habitudes. Nous pouvons dire les bénédicités avant les repas par exemple, mais bien souvent cela ne vient pas d'un cœur sincèrement reconnaissant. Je ne dis pas qu'il ne faut pas dire les bénédicités avant les repas mais, si vous le faites, que ce soit l'expression de votre cœur. Si vous faites quelque chose pour Dieu qui ne vient pas de votre cœur, ce n'est que de la religiosité. Si vous désirez être un homme ou une femme de Dieu, vous devrez vivre votre vie envers Lui à partir de votre cœur. Bien sûr vous devez utiliser votre pensée pour de nombreuses choses dans la vie mais, pour tout ce qui concerne Dieu, la question centrale est celle du cœur.

Dans le Corps de Christ, nous luttons pour comprendre de nombreuses choses qui sont en dehors de notre sphère de révélation. L'un de nos problèmes en tant qu'êtres humains est que nous avons une tendance innée à vouloir maîtriser. Nous voulons être capables de maîtriser des concepts, qu'il s'agisse des mathématiques, du golf, de la conduite de voitures rapides ou même de l'exploration spatiale. Il y a quelque chose d'inné en nous qui veut maîtriser la vie et être bon dans ce domaine. Mais, dans le royaume de Dieu, il y a plus de mystère que de maîtrise. Nous devons accepter le fait qu'il y aura toujours du mystère. Notre problème est que nous voulons aussi maîtriser le christianisme. Nous voulons maîtriser le mouvement du Saint-Esprit. Nous voulons en faire un art dont nous avons le contrôle et que nous pouvons produire comme nous le souhaitons. Cependant nous ne pouvons pas maîtriser Dieu. La grande aventure du christianisme est que nous allons continuer à le découvrir tout au long de l'éternité. Nous allons continuer à explorer le mystère de qui il est, à des niveaux de plus en plus élevés, à mesure qu'il se révèle de plus en plus au cours de l'éternité.

Une des choses que nous savons à propos de Dieu c'est qu'il est amour. Nous entrons de plus en plus dans cette révélation – mais il y a encore beaucoup d'Écritures dont nous n'avons pas encore eu la révélation. La bible ne peut être comprise par une simple étude intellectuelle. Elle est une révélation de Dieu et de ses relations avec l'humanité et ne peut être saisie que lorsqu'il la met en lumière, lorsqu'il se révèle en elle et à travers elle. Je crois qu'il y a beaucoup plus dans la bible que ce qu'il en a été révélé jusqu'à présent car la Parole de Dieu subsiste à toujours et est éternelle. Vous pouvez lire la Parole et des opinions sur elle. Ce que je peux vous dire c'est que vous en aurez vite assez des opinions des gens sur la Parole. Il y a de nombreuses discussions basées sur une opinion mais, lorsqu'il y a révélation, ce n'est plus une question d'opinion ou de débat - c'est la vérité ! Lorsque vous recevez la révélation, vous possédez une connaissance à un niveau bien plus profond qu'une simple opinion. Vous avez l'expérience en plus de l'information.

Nous avons entre les mains une bible sur laquelle nous avons reçu un *certain* nombre de révélations. Cela signifie qu'il y a beaucoup plus d'Écritures sur lesquelles nous n'avons *pas* de révélation. Par l'étude, nous essayons d'assembler en une compréhension logique des choses sur lesquelles nous n'avons pas encore eu de révélation. Nous formons des doctrines à partir de ce que nous comprenons d'une vérité partielle qui nous est révélée. Nous essayons de combler les lacunes parce que nous voulons maîtriser la situation. Une grande partie de notre héritage théologique n'est pas issue d'une révélation mais d'une doctrine spéculative qui forme notre pensée biaisée sur des questions spécifiques. C'est en grande partie la raison pour laquelle il existe des différences doctrinales dans le Corps de Christ.

Je suis arrivé à un moment de ma vie où j'étais las des opinions des gens sur le sens des Écritures. J'étais également fatigué de *mes propres* opinions. J'ai réalisé que la bible ne doit pas être étudiée comme un manuel de la vie et de la croissance chrétienne. La bible est un lieu de rencontre avec Dieu. On lit la bible pour toucher Dieu, pas pour se faire une opinion sur sa signification. Comme la prière, elle est un lieu où Dieu peut vous parler. Il y a des gens dont le rôle est d'étudier les langues originales afin que le sens des mots soit clair et net pour nous, mais c'est un appel spécifique. Ce n'est pas la base de la marche de foi du croyant.

Dieu nous révèle des choses sur lesquelles nous n'avons jamais eu de révélation auparavant. Lorsque cela se produit, la plupart des opinions que nous nous étions forgées sont balayées. Nous réalisons soudain que notre opinion sur ce sujet spécifique était erronée. Le problème est que nous pouvons être émotionnellement attachés à notre opinion et qu'il nous est difficile de nous en défaire. Si vous êtes pasteur, il se peut que vous ayez prêché cette opinion pendant des années et que Dieu vous révèle maintenant ce qu'elle signifie *vraiment*. Vous êtes alors confrontés à l'obligation de jeter toutes ces années de prédication et d'enseignement. J'avais ma théologie soigneusement emballée dans une boîte avec un joli ruban et voilà que la révélation la fait voler en éclats ! La fraîche révélation vous ramène une nouvelle fois à l'état d'enfant. Elle vous oblige à tout recommencer dans votre compréhension. Cela peut être difficile et humiliant pour ceux qui, comme les prédicateurs ou les enseignants, ont un investissement personnel ou une réputation entourant leurs opinions.

Cette révélation de l'amour du Père grandit et fait voler en éclats une grande partie des choses dont nous étions convaincus qu'elles étaient justes. Mais lorsque nous verrons le Seigneur toutes nos questions trouveront une réponse. La révélation de sa vraie nature éclaircira toutes les questions en suspens. Le christianisme n'est basé sur rien d'autre que la révélation de qui est vraiment Dieu. Lire des écrits *à propos* de lui n'est pas le christianisme. La révélation se fait d'esprit à esprit.

Lorsque les portes du ciel s'ouvrent, Pierre (dans Mathieu 16:16) voit la réalité absolue de qui est Jésus et s'exclame : « Tu es le Christ, le fils du Dieu vivant ! » La pierre angulaire de l'Église est la révélation de qui est Dieu. Lorsque le Corps de Christ commence à marcher dans la révélation de qui est vraiment Dieu, alors l'ancienne voie parcourue par le Saint-Esprit est retrouvée.

Ce livre est très différent de mon premier livre. Ce livre est écrit comme un message prophétique pour le Corps de Christ. Le message prophétique a un caractère correctif. Il abat ce qui est faux et rétablit le vrai. Une grande partie de l'évangile qui nous a été enseigné nous a volé la joie, a privé les chrétiens de leur puissance et a servi de base au développement du légalisme. Il ne vaut pas mieux qu'une forme de piété de l'Ancien Testament portant le nom de christianisme. Il est très clair pour moi que l'ensemble des connaissances de la mentalité du christianisme doit changer pour que l'on puisse commencer à voir le réassemblage de ce que Jésus est venu nous donner, ce pourquoi il est mort.

J'ai écrit ce livre spécifiquement pour ceux qui vont communiquer l'Évangile à l'avenir. J'espère et je crois que nous verrons l'Évangile authentique être prêché, un Évangile qui libère les captifs, donne la vue aux aveugles, ouvre les portes des prisons et proclame véritablement la faveur de notre Dieu.

Le livre est divisé en deux parties. La première montre ce qu'est réellement l'Évangile. Elle décrit certains des principaux changements de paradigme que le Saint-Esprit a ouverts, apportant une nouvelle perspective rafraîchissante de ce que le christianisme est vraiment censé être. La deuxième partie du livre examine ensuite la différence que cette perspective implique dans notre marche chrétienne. Si vous entrez dans une révélation et une expérience de l'Évangile, le fruit sera très différent de ce que l'Évangile de la religion a produit.

Ce livre est écrit à partir de mon cœur, de mes propres échecs et brisements, mais aussi à partir du merveilleux repos et de la joie d'apprendre à connaître l'amour du Père pour moi !

PREMIÈRE PARTIE

CHAPITRE UN

Les Deux Arbres

~

Dans sa lettre aux Galates, l'apôtre Paul, après sa salutation habituelle, plonge directement dans le vif du sujet. Sans mâcher ses mots, il écrit les paroles suivantes :

> *Je m'étonne que vous vous détourniez si promptement de celui qui vous a appelés par la grâce de Christ, pour passer à un autre Évangile. Non pas qu'il y ait un autre Évangile, mais il y a des gens qui vous troublent, et qui veulent renverser l'Évangile de Christ.* – GALATES 1:6,7

Paul fait ici une déclaration frappante. Il s'adresse à ceux qui sont devenus chrétiens par sa prédication. Il les avait établis dans leur foi puis les avait quittés pour aller ailleurs. Après son départ, d'autres enseignants sont venus parmi eux et les Galates se sont laissés grandement influencer par eux. Paul en en ayant entendu parler se voit contraint d'écrire cette lettre.

Il s'étonne qu'ils aient mis de côté ce qu'il leur avait enseigné et qu'ils se soient laissés corrompre par d'autres enseignants. Les Galates ont cru que ce qu'ils avaient entendu était l'Évangile, mais ce *n'est pas* l'Évangile. En bref, ils ont été trompés.

Chapitre Un

Cette lettre de Paul a dû être difficile à avaler pour ces jeunes croyants. Ils n'avaient connu Paul que brièvement. Ils faisaient de leur mieux pour grandir dans leur nouvelle foi. Avec de bonnes intentions, ils ont reçu ces autres prédicateurs qui semblaient être des personnes sympathiques et authentiques. Je suis sûr que tout ce que les enseignants disaient semblait bon et juste. Ces enseignants sont restés dans les parages plus longtemps que Paul. Ils ont été accueillis dans l'église de Galatie. Personne n'aurait pu les soupçonner de ne pas avoir les motifs les plus purs pour ce qu'ils enseignaient et faisaient.

Mais voilà que les chrétiens de Galatie sont à nouveau contactés par Paul qui les frappe de plein fouet : « Vous avez été égarés par ces enseignants que vous avez écoutés ! » Remarquez que Paul ne met pas en doute la sincérité des croyants de Galatie ; il ne les accuse pas de péché ou de rébellion. Ils essayaient de faire ce qui était juste, sans chercher à corrompre l'Évangile. Ils voulaient grandir dans leur foi en écoutant un bon enseignement. Mais Paul insiste : « Ces maîtres vous ont égarés. Ils vous ont *ensorcelés.* »

La question que je vous pose est la suivante :

> *La même chose pourrait-elle nous arriver ? Croyez-vous qu'il soit possible que le bon enseignement que nous avons écouté nous ait conduit vers un évangile que Paul appellerait « un autre » évangile ?*

Le mot 'évangile' signifie bonne nouvelle. Pour ma part, une grande partie de ce qui m'a été présenté au cours des années de ma vie chrétienne ne s'est pas avérée être une bonne nouvelle. Denise et moi avons donné notre vie au Seigneur en 1972. Nous avons été remplis du Saint-Esprit et, pendant de nombreuses années, nous avons essayé de faire ce qu'il fallait en servant avec toute notre énergie. Nous voulions être tout ce qu'un chrétien était censé être. Cependant, en 1988, nous sommes allés dans le mur et nous nous sommes épuisés. Nous étions complètement épuisés émotionnellement, spirituellement et physiquement. Denise et moi avons toujours tout fait ensemble, de tout notre cœur, et nous nous sommes épuisés ensemble. Laissez-moi vous dire : un « burn out » au service du Seigneur n'est pas du tout censé arriver. Pendant trois mois entiers, les larmes ont coulé sur nos visages. Nous ne savions pas pourquoi nous pleurions. Nous étions complètement exténués ! Nous avions le sentiment d'avoir laissé tomber Dieu. Tous nos efforts pour vivre la vie chrétienne nous avaient finalement conduits dans un puits profond et sombre. Il nous a fallu de nombreuses années pour nous en remettre.

Ce fut un choc pour moi de regarder mon expérience chrétienne et de réaliser qu'il n'y avait pas eu beaucoup de plaisir. En dehors des expériences authentiques de la nouvelle naissance, du baptême d'eau et du baptême d'Esprit, Denise et moi avions adopté une forme de christianisme qui n'était finalement pas une bonne nouvelle. Elle était totalement dépourvue de tout plaisir réel, de toute joie profonde et de merveilleux ! Le fait de reconnaître que je n'avais rien fait qui me plaisait vraiment depuis que j'étais devenu chrétien m'a frappé. À ce moment-là, cela faisait dix-huit ans que j'étais chrétien et que je n'avais pas fait une seule activité par pur plaisir. Ma vie avait été marquée par une discipline rigoureuse, un zèle ardent, des sacrifices et un travail acharné ! J'ai pris conscience que nous avions vécu le contraire de la bonne nouvelle. Je suis sûr que beaucoup, beaucoup de chrétiens s'identifient à ma description de « l'évangile » que nous croyions et vivions.

Chapitre Un

Deux Arbres dans le Jardin

Quel est donc ce faux évangile qui nous a trompés ? Pour répondre à cette question, nous devons revenir au tout début. Une grande partie de la révélation que le Seigneur nous a donnée dans nos vies et notre ministère remonte au début, au jardin d'Eden. Alors que nous sortions lentement du burn out, Denise et moi avons commencé à soupçonner que quelque chose n'allait pas du tout avec ce que nous vivions, et d'ailleurs il en était de même pour beaucoup d'autres croyants. Il existait un énorme fossé de crédibilité entre ce que la bible qualifiait de « bonne nouvelle » et la réalité dans laquelle de nombreux chrétiens avaient vécu au cours des siècles. Nous étions en train de comprendre quelque chose que nous n'arrivions pas à décrire correctement. Puis, il y a quelques années, Denise lisait les premiers chapitres de la Genèse lorsqu'elle a soudain vu quelque chose qui a radicalement changé notre perspective sur la vie et le ministère. Ce qu'elle a vu a constitué un changement de paradigme majeur et nous a fait accéder à une liberté dont nous nous sommes souvent demandé si elle était même possible.

Pour explorer cela, commençons par regarder la Genèse 2:8-15 :

> *Puis l'Éternel Dieu planta un jardin en Éden, du côté de l'orient, et il y mit l'homme qu'il avait formé. L'Éternel Dieu fit pousser du sol des arbres de toute espèce, agréables à voir et bons à manger, et l'arbre de la vie au milieu du jardin, et l'arbre de la connaissance du bien et du mal. …… L'Éternel Dieu prit l'homme, et le plaça dans le jardin d'Éden pour le cultiver et pour le garder. L'Éternel Dieu donna cet ordre à l'homme : « Tu pourras manger de tous les arbres du jardin ; mais tu ne mangeras pas de*

l'arbre de la connaissance du bien et du mal, car le jour où tu en mangeras, tu mourras. »

Nous lisons ensuite dans les premiers versets de Genèse 3 :

Le serpent était le plus rusé de tous les animaux des champs, que l'Éternel Dieu avait faits. Il dit à la femme : « Dieu a-t-il réellement dit : 'Vous ne mangerez pas de tous les arbres du jardin ?' » La femme répondit au serpent : « Nous mangeons du fruit des arbres du jardin. Mais quant au fruit de l'arbre qui est au milieu du jardin, Dieu a dit : 'Vous n'en mangerez point et vous n'y toucherez point, de peur que vous ne mouriez.' »

*Alors le serpent dit à la femme : « Vous ne mourrez point ; mais Dieu sait que, le jour où vous en mangerez, **vos yeux s'ouvriront**, et vous serez comme Dieu, connaissant le bien et le mal. »*

*La femme vit que l'arbre était bon à manger et agréable à la vue, et qu'il était précieux pour ouvrir l'intelligence ; elle prit de son fruit, et en mangea ; elle en donna aussi à son mari, qui était auprès d'elle, et il en mangea. **Les yeux de l'un et de l'autre s'ouvrirent**, ils connurent qu'ils étaient nus, et ayant cousu des feuilles de figuier, ils s'en firent des ceintures.*

La question clé qui a frappé Denise était la suivante : Lorsque l'Écriture dit que leurs « yeux ont été ouverts », *quels yeux ont été ouverts* ?

Chapitre Un

Quels yeux ont été ouverts ?

De toute évidence, les yeux physiques de l'homme et de la femme dans le jardin étaient déjà ouverts ; ils avaient été créés avec toutes leurs aptitudes physiques. Ainsi, lorsque l'Écriture dit que leurs yeux furent ouverts lorsqu'ils mangèrent du fruit de l'arbre, la question suivante se pose – *quels yeux furent ouverts ?*

Le Seigneur a mis un certain temps à révéler la réponse à cette question. Parfois le Seigneur attend pour nous révéler les réponses à nos questions parce que nous devons passer par un processus qui nous amène là où nous sommes prêts à recevoir sa réponse. C'est ainsi qu'il en a été pour cette question. Lorsque le Seigneur a répondu, sa réponse est venue de manière soudaine et inattendue, comme c'est souvent le cas. Il a dit très clairement : « *Les yeux qui ont été ouverts étaient les yeux de l'entendement pour comprendre le concept du bien et du mal.* »

Ce sont là les yeux qui ont été ouverts ! Jusqu'alors, ces yeux n'avaient pas été ouverts. Lorsque l'homme et la femme ont mangé du fruit de l'Arbre de la Connaissance du Bien et du Mal, ils sont entrés dans un tout autre type de vision et de compréhension. Cette façon différente de voir et de comprendre n'avait pas été activée auparavant, mais le fut lorsqu'ils ont mangé du fruit. Avant cela, ils vivaient avec les yeux du cœur, des yeux qui voyaient l'amour, l'acceptation, la joie et la liberté. Ces yeux ont commencé à se fermer et à devenir inopérants. Ils n'étaient plus en communion avec le Père à partir de leur esprit et de leur cœur.

Une fois que les yeux de la connaissance du bien et du mal sont ouverts, les yeux du cœur commencent à être aveuglés, l'Arbre de la Vie devient flou et les questions du bien et du mal, du juste et du faux, du sacré et de l'impie prennent sens. Comme nous le savons d'après le passage de la Genèse, l'homme et la femme ont été expulsés du jardin parce qu'à partir de ce moment-là il n'y avait plus moyen pour eux d'être en communion avec le Père. Satan avait réussi à les détourner de la simplicité de la relation avec Dieu pour les entraîner dans la complexité de la capacité de l'intelligence à déterminer ce qui est bien et mal, ce qui est bon et mauvais, ce qui est saint et impur.

Lorsque nous examinons la prédication de Paul dans la nouvelle alliance, nous constatons qu'elle vise à inverser cette action. Dans Éphésiens 1:18, Paul prie pour que les « yeux du cœur » soient ouverts ou « éclairés ». Il prie pour que le cœur qui avait été fermé par la connaissance du bien et du mal soit éclairé et capable de voir à nouveau. Paul fait le lien avec cette prière en demandant l'esprit de sagesse et de révélation afin de pouvoir connaître Dieu intimement. La sagesse et la révélation viennent de l'Arbre de la Vie. Lorsque les yeux du cœur sont ouverts, ils sont ouverts à la sagesse et à la révélation. Dieu ne peut être connu que par la sagesse et la révélation qui viennent de lui.

Permettez-moi d'insister sur ce point, car il est crucial. Lorsque les yeux de l'homme et de sa femme ont été ouverts dans le jardin, les yeux qui pouvaient participer pour ainsi dire à l'Arbre de la Vie sont devenus ternes. Les yeux du cœur sont devenus aveugles. Nos premiers ancêtres ont été expulsés du jardin, de sorte que l'Arbre de la Vie ne leur était plus accessible. Dieu voulait les protéger de l'horreur inimaginable de pouvoir manger des *deux* arbres qui se trouvaient au milieu du jardin. Sinon, en mangeant de l'Arbre de la Vie, ils n'auraient plus pu mourir, mais ils auraient été piégés pour toujours à manger de l'Arbre de la Connaissance du Bien et du Mal. Par conséquent, en tant que race humaine, il ne nous restait plus qu'à manger de l'Arbre de la Connaissance du Bien et du Mal.

Perdre l'union avec Dieu

Lorsque l'homme et sa femme ont mangé de l'Arbre de la Connaissance du Bien et du Mal, un énorme changement s'est produit en eux. Dès que leurs yeux se sont ouverts, ils ont pris conscience de leur nudité et ont cousu ensemble des feuilles de figuier pour se couvrir. Ils savaient déjà qu'ils étaient nus, mais ce n'était pas un problème pour eux jusqu'à ce qu'ils mangent de l'arbre. Il ne leur était jamais venu à l'esprit qu'il pouvait y avoir quelque chose d'anormal chez eux. Pourtant, lorsqu'ils ont mangé de l'arbre, tout à coup, quelque chose n'allait pas ! Leur première pensée a été qu'ils étaient en faute d'une certaine manière, que quelque chose n'allait pas chez eux. Ils ont instantanément pris conscience de ce qui est juste et de ce qui est faux, une conscience qu'ils n'avaient pas auparavant ! Ils ont immédiatement pris des mesures pour essayer de corriger la situation en se couvrant. Essayer de rendre acceptable une chose mauvaise était également une idée complètement nouvelle pour eux.

Alors que je réfléchissais à tout cela, un jour une image s'est formée dans mon imagination pour expliquer ce qui est arrivé à l'homme et à la femme dans le jardin. Je vais devoir vous demander d'exercer votre imagination et de suivre le fil de mes pensées pour comprendre ce que je veux dire.

Imaginez pour les besoins de mon illustration que l'homme et la femme dans le jardin (avant de manger de l'arbre) étaient physiquement verts. J'emprunte ici un peu au livre *Perelandra* de C. S. Lewis, dans lequel il décrit un personnage appelé « la Dame Verte » – au moins, j'ai l'autorité de Lewis pour mon petit scénario imaginaire ! *Perelandra* est une histoire allégorique qui fait allusion à la situation d'Adam et Ève dans le jardin d'Eden avant la chute. La femme de l'histoire de Lewis, qu'il appelle « la Dame Verte », peut être considérée comme un type d'Ève avant qu'elle ne goûte au fruit de l'Arbre de la Connaissance.

Imaginez donc qu'Adam et Ève dans le jardin étaient verts ; le teint de leur peau était vert. Or la couleur verte est composée de deux autres couleurs : le bleu et le jaune. Si vous mélangez de la peinture bleue et jaune, vous obtiendrez de la peinture verte. Si vous imaginez que le jaune représente la terre et que le bleu représente le ciel, Adam et Ève étaient un mélange de ciel et de terre. La combinaison du « bleu céleste » de la Personne de Dieu et de l'argile « jaune » de leur humanité a donné naissance à la verdure d'une vie humaine remplie de Dieu. C'était l'intention de Dieu pour eux. Dieu a versé son image dans l'argile et les deux se sont mélangés. Adam et Ève ont été créés à partir de la poussière de la terre, mais ils étaient totalement en union avec Dieu lui-même.

Cependant, au moment où ils mangent de l'Arbre de la Connaissance du Bien et du Mal, l'union de leur cœur avec Dieu est brisée parce qu'ils savent qu'ils ont désobéi. De leur point de vue, et non de celui de Dieu, il y a maintenant une séparation. Imaginez que le « bleu » de la nature de Dieu soit retiré et commence à disparaître rapidement. Ils passent maintenant du « vert » au « jaune » – retour à la nature humaine sans la personnalité de Dieu. Ils réalisent avec horreur qu'ils sont nus et courent se couvrir de feuilles de figuier.

Les feuilles de figuier sont vertes. En se couvrant de feuilles de figuier, ils essaient de redevenir ce qu'ils étaient auparavant. Lorsqu'ils étaient unis à Dieu et que tout était bon, ils étaient « verts » ; les feuilles de figuier sont donc une tentative de restaurer cette « verdure ». Je crois que cela a marqué l'humanité tout au long des millénaires de l'histoire humaine. Les gens ont essayé de mettre des feuilles de figuier, en se couvrant de choses terrestres et mondaines, pour dissimuler le fait qu'ils sont nus et sans Dieu. Ils ont essayé de se rendre à nouveau acceptables.

Rien d'autre que la nature de Dieu lui-même ne peut nous rendre « verts » de part en part. Les feuilles de figuier ne donnent qu'une apparence superficielle de vert. Enlevez-les et l'humanité déchue est évidente. Adam et Ève sont allés à l'encontre de la volonté du Dieu qui les aime – et ils le savent. Ils ont fait ce qu'il leur a expressément interdit de faire et soudain quelque chose ne va pas. Ils viennent de se nourrir de la connaissance de ce qui est correct et incorrect. Ils sont consumés par ce qui est acceptable ou inacceptable. Les yeux du cœur sont fermés et d'autres yeux se sont ouverts. Les yeux qui pouvaient percevoir l'amour et l'acceptation se ferment et les yeux de l'entendement s'ouvrent. L'entendement est utile en soi – mais il ne peut pas voir Dieu. Votre entendement ne peut que trouver une façon de faire ce qui est bien ou mal. Il ne peut qu'essayer de trouver des feuilles de figuier. Il ne peut pas établir de relations dans l'amour et apprécier l'intimité.

LA BASE DU LÉGALISME

Ce fut un choc pour nous de réaliser que le problème n'était pas seulement la connaissance du mal. Cela semble évident. L'arbre interdit est *aussi* l'Arbre de la Connaissance du *Bien*. C'est une tout autre affaire. En fait, cela devient dangereux car la question qui se pose est la suivante : comment savoir réellement à partir de quel arbre nous vivons ? Il ne s'agit pas simplement d'une question de bien ou de mal où la bonne option est de choisir le bien. Non ! L'arbre qui était interdit était l'Arbre de la Connaissance des deux, du *Bien* comme du Mal. Cela semble tellement juste de devoir nous concentrer sur le fait de discerner et faire ce qui est bon, ainsi que discerner et s'abstenir de faire ce qui est mauvais. Mais en fait c'est *tout le processus* de discerner ce qui est bon comme ce qui est mauvais qui consiste à se nourrir du mauvais arbre et à utiliser les yeux qui se sont ouverts sur l'arbre de Satan.

Comment différencier si oui ou non nous vivons de l'Arbre de la Connaissance du Bien et du Mal ou si nous vivons de l'Arbre de Vie ? Voyez-vous, l'Arbre de la Connaissance produit des fruits que nous croyons bons. Ils ne sont pas tous ouvertement mauvais. C'est ce qui est trompeur. Tous les arbres portent des fruits et il y a certains fruits qui proviennent de ces deux arbres. En connaissant ces fruits, on peut savoir de quel arbre on vit. Quels sont donc les fruits de ces deux arbres ? Voyons d'abord l'Arbre de la Connaissance du Bien et du Mal.

Vivre de la connaissance du bien et du mal est la base du légalisme. C'est là que nous décidons pour nous-mêmes. C'est là que nous choisissons en fonction de nos propres valeurs, que nous cherchons à déterminer ce qui est bien et ce qui est mal, ce qui est bon et ce qui est mauvais. C'est la pensée humaine qui évalue tout en permanence sur la base d'une seule question : est-ce bien ou est-ce mal ?

Nous devenons la « police du bien et du mal » en disant des choses comme : « Je suis bon dans tel ou tel domaine, mais mauvais dans tel autre. » L'auto-condamnation et l'auto-justification sont au premier plan. Le fruit de cet arbre est que nous portons des jugements sur les gens – cette personne-ci est bonne mais cette personne-là est mauvaise. Nous nous enfermons dans un dilemme constant en essayant de déterminer la valeur morale de chaque action. Nous nous regardons les uns les autres, jugeant les actions et les paroles des uns et des autres pour voir si elles sont bonnes ou mauvaises. En agissant ainsi, nous vivons de l'Arbre de la Connaissance du Bien et du Mal.

Je crois que le but de l'amour du Père est de nous éloigner de cet arbre. Son amour nous remplit et nous libère de l'obligation de vivre selon ce processus d'évaluation constante. L'évaluation constante de ce qui est bien ou mal signifie que nous sommes pris au piège qui aboutit à ce que Paul appelle dans Galates 1:7 « pas un évangile du tout » (NIV). On pourrait paraphraser les paroles de Paul aux Galates de la manière suivante :

> *« Comment avez-vous pu penser que cela fonctionnerait ? Dieu nous a donné son Esprit pour que nous tirions notre vie de lui – et maintenant, après être entrés dans la liberté de l'Esprit, vous vous retournez et vous recommencez à vivre selon la Loi. La Loi concerne toujours le bien et le mal, le bon et le mauvais. Vous avez commencé dans l'Esprit et maintenant vous essayez de finir dans la chair ! »*

La chair aime ce genre de choses ! La chair aime la loi ! Elle se complaît dans la connaissance du bien et du mal. La chair trouve la liberté très difficile. Vivre de l'Arbre de la Connaissance du Bien et du Mal c'est être lié au légalisme. C'est la base de la peur, la base de tous les efforts que nous faisons en nous demandant si nous en avons fait assez. D'ailleurs comment savoir si nous en avons fait assez ou non ? La peur de l'échec vient de l'Arbre de la Connaissance du Bien et du Mal. Nous craignons d'être inadéquats. Nous craignons de ne pas avoir fait assez bien, de ne pas être à la hauteur. Nous craignons de ne pas avoir réussi. Nous nous jugeons et nous mesurons à l'aune de la loi pour déterminer si nous réussissons ou si nous échouons. Même dans notre vie quotidienne nous sommes affectés par ce phénomène. Par exemple, sur notre lieu de travail, nous sommes constamment surveillés pour savoir si nous faisons assez bien notre travail. La majeure partie de notre ambition et de nos efforts en découle. Nous sommes poussés à être « assez bons », à être « corrects », à être « excellents ».

D'où vient l'Arbre de la Connaissance ?

Il est essentiel de savoir d'où vient l'Arbre de la Connaissance du Bien et du Mal. Contrairement à ce que certains pourraient penser, l'Arbre de la Connaissance du Bien et du Mal et l'Arbre de Vie *n'ont pas* eu leurs origines dans le Jardin d'Eden. La Genèse ne dit pas que Dieu a *planté* ces deux arbres dans le jardin. Genèse 2:8&9 semble indiquer que ces deux arbres n'ont pas été plantés par Dieu de la même manière que les autres arbres du jardin :

> *Le Seigneur Dieu planta un jardin à l'orient en Eden, et il y mit l'homme qu'il avait formé. Et le Seigneur Dieu fit pousser du sol tout arbre agréable à voir et bon à manger. L'arbre de vie se trouvait également au milieu du jardin, ainsi que l'arbre de la connaissance du bien et du mal. (NKJV)*

Ils avaient leurs origines ailleurs, avant la création du monde et la création de l'homme. L'Arbre de la Vie a son origine dans l'éternité. Il est une manifestation de tout ce que Dieu lui-même est dans sa nature éternelle. Sa racine pivot se trouve en Dieu lui-même. La nature éternelle de l'Arbre de Vie est confirmée dans Apocalypse 22. Mais quelle est l'origine de l'Arbre de la Connaissance du Bien et du Mal ? Pour y voir plus clair, nous devons nous tourner vers le prophète Ézéchiel. Dans Ézéchiel 28:12-15, nous lisons :

> « *Tu mettais le sceau à la perfection,*
> *Tu étais plein de sagesse, parfait en beauté.*
> *Tu étais en Éden, le jardin de Dieu ;*
> *Tu étais couvert de toute espèce de pierres précieuses,*
> *De sardoine, de topaze, de diamant,*
> *De chrysolithe, d'onyx, de jaspe,*
> *De saphir, d'escarboucle, d'émeraude, et d'or ;*
> *Tes tambourins et tes flûtes étaient à ton service,*
> *Préparés pour le jour où tu fus créé.*
> *Tu étais un chérubin protecteur, aux ailes déployées ;*
> *Je t'avais placé et tu étais sur la sainte montagne*
> *de Dieu ;*
> *Tu marchais au milieu des pierres étincelantes.*
> *Tu as été intègre dans tes voies,*
> *Depuis le jour où tu fus créé*
> *Jusqu'à celui où l'iniquité a été trouvée chez toi.* »

Puis, au verset 17, nous lisons :

> *Ton cœur s'est élevé à cause de ta beauté,*
> *Tu as corrompu ta sagesse par ton éclat ;*

Ce passage est une déclaration prophétique au roi de Tyr mais il parle aussi à un niveau plus profond de Satan. Il montre ses origines, lui qui était autrefois connu sous le nom de Lucifer, l'un des archanges. Je trouve très intéressant que l'Écriture nous dise que Satan a un cœur. Son cœur s'est élevé à cause de son extraordinaire beauté. Ce que je veux cependant souligner ici, c'est que Satan avait été rempli de la sagesse de Dieu, mais que sa sagesse s'est *corrompue*. Jusqu'à ce moment, Satan avait une sagesse parfaite, le même type de sagesse que celle qui était en Dieu. Il était rempli de la sagesse de Dieu mais, à cause de sa beauté, son cœur s'est élevé. Il est devenu arrogant et orgueilleux, désireux de supplanter Dieu lui-même et sa sagesse s'est corrompue. Quelle était cette sagesse corrompue ?

La sagesse corrompue était la suivante : elle se résumait à des actions. Elle *a* été une sagesse issue de l'intimité de l'amour avec celui qui voit et connaît tout, mais elle est devenue une sagesse fondée sur la capacité de juger le bien et le mal. Elle se résumait à faire ce qui est bien et à ne pas faire ce qui est mal. C'est cette corruption qui s'est produite et, à partir de là, c'est la sagesse de Satan qui s'est imposée. L'Arbre de la Connaissance du Bien et du Mal est plus qu'un simple arbre. Il est la manifestation de la nature de Satan. C'est l'essence de sa sagesse corrompue.

La connaissance du bien et du mal met l'accent sur l'action juste par opposition à la motivation juste. Elle ignore le fait d'avoir un bon cœur. Si l'extérieur est bon, alors tout va bien. À l'inverse, Jésus a souligné l'importance d'avoir un bon cœur. Ses critiques sévères s'adressent à ceux qui ne vivent que pour « faire ce qu'il faut ». Il les appelle des « tombeaux blanchis à la chaux ». Ils vivaient de l'Arbre de la Connaissance du Bien et du Mal. Ils ont peut-être bien agi d'un point de vue extérieur, ils ont peut-être excellé à « faire la bonne chose », mais leur cœur n'était pas changé. Vous voyez, si le cœur est juste, même si l'action est mauvaise ou si les mots ne sortent pas comme ils le devraient, les gens peuvent le recevoir parce qu'ils savent que le cœur est motivé par l'amour. Lorsque vous vivez selon la connaissance du bien et du mal, tout doit être parfait. Donc, si vous dites ou faites quelque chose de mal, c'est très mal.

L'Arbre de la Connaissance du Bien et du Mal est la base de l'orientation vers la performance et de l'anxiété liée à la performance. En vivant de cette façon, si je ne suis pas parfait, je ne suis pas bien. Notre valeur est directement liée à notre performance. Nous

nous jugeons sévèrement et, avec la même mesure, nous jugeons sévèrement les autres. On ne peut pas se juger sévèrement sans juger sévèrement l'autre et vice versa. De nombreux groupes religieux appliquent ces normes – si vous n'êtes pas à la hauteur de la norme, vous êtes mauvais et nous ne pouvons pas être en communion avec vous. C'est vrai au niveau individuel et au niveau du groupe.

C'est ici que la loi des semailles et de la récolte entre en jeu. C'est pourquoi Jésus a dit : « *Ne jugez point, afin que vous ne soyez point jugés. Car on vous jugera du jugement dont vous jugez, et l'on vous mesurera avec la mesure dont vous mesurez.* » (Mathieu 7:1-2) Dès que nous commençons à juger les autres sur la base du bien et du mal, du bon et du mauvais, nous nous exposons à être jugés selon les mêmes critères. C'est un principe universel. L'apôtre Paul le savait lorsqu'il a dit (1 Cor 4:3), « ... Je ne me juge pas non plus moi-même ». C'est une déclaration étonnante. L'apôtre Paul n'a pas porté de jugement sur lui-même ! Nous sommes tellement conditionnés à vivre notre vie en portant constamment des jugements sur le bien ou le mal de nos actions. Nous ne nous évaluons pas seulement nous-mêmes mais nous évaluons aussi les autres sous le même éclairage. L'apôtre Paul a refusé de vivre de l'arbre qui juge le bien et le mal. Nous aussi, nous devons faire de même.

Une grande partie de ce jugement se retrouve dans l'enseignement chrétien populaire. L'essentiel de l'enseignement sur la vie de disciple insiste sur la nécessité d'une auto-évaluation constante. C'est triste à dire mais la plupart de cet enseignement est basé sur le légalisme qu'il soit flagrant ou subtil – mais il s'agit toujours de légalisme car il provient de l'Arbre de la Connaissance du Bien et du Mal. Il n'est pas fondé sur l'évangile de la nouvelle alliance dans laquelle Jésus est mort pour nous y faire entrer.

LA LOI DES SEMAILLES ET DES RÉCOLTES

Lorsque nous nous regardons et que nous nous évaluons les uns les autres, toute une série de lois spirituelles entre en jeu, avec des principes tels que la loi de la semence et de la récolte. Vous semez une petite graine de jugement mais vous récoltez en retour une moisson de jugements. Dieu a voulu que la loi des semailles et de la moisson soit quelque chose qui nous bénisse vraiment. Son désir était que nous récoltions une moisson abondante à partir d'une toute petite graine. Quelle bénédiction ! Planter quelques graines et, après un certain temps, obtenir un champ entier de ce que vous avez planté sous forme de graines. Ce qui est vrai dans le monde naturel l'est également dans le monde spirituel. Ce même principe, conçu à l'origine pour fonctionner en notre faveur, peut aussi se retourner contre nous. Nous pouvons semer une graine de discorde ou de jugement et, ensuite, au bout du compte, récolter ce que nous avons semé. Nous récoltons dans la même mesure (voir plus) de ce que nous avons semé.

Cela est évident lorsque nous élevons des enfants. Souvent, nous nous jurons que nous ne nous comporterons *jamais* de la même manière que nos parents. Nous sommes déterminés à faire les choses différemment. Mais quelque chose se produit alors et nous sommes choqués d'entendre les mêmes mots que ceux qu'ils ont utilisés sortir de notre propre bouche. Nous avons porté des jugements sur nos parents et maintenant nous récoltons les fruits de ces jugements parce que nous traitons nos enfants de la même manière. Ce pour quoi nous jugeons nos parents, nous commençons à le reproduire dans nos propres vies.

Un autre exemple me vient à l'esprit. Nous trouvons parfois incroyable qu'une femme ayant eu un père violent épouse un mari qui lui ressemble beaucoup. Ne chercherait-elle pas quelqu'un qui soit gentil avec elle, aimant et généreux ? Souvent, cependant, il y a un jugement derrière tout cela. L'Écriture est très claire à ce sujet. L'auteur de l'épître aux Hébreux nous avertit explicitement : « ... Veillez à ce que nul ne se prive de la grâce de Dieu ; à ce qu'aucune racine d'amertume, poussant des rejetons, ne produise du trouble, et que plusieurs n'en soient infectés » (Hébreux 12:15). Cette racine d'amertume peut rester dans le sol pendant de nombreuses années mais, une fois qu'elle aura atteint sa pleine maturité, vous la récolterez. Elle vous reviendra multipliée dans de nombreuses situations différentes. Une femme grandira et épousera un homme semblable au père qu'elle a jugé. Un fils traitera son enfant de la même manière que son père qu'il a jugé. Lorsque vous jugez quelqu'un par amertume, ce même jugement se retourne contre vous.

Prenons encore un autre exemple. Pourquoi une église qui se sépare d'une autre ne parvient-elle pas à prospérer ? Parce qu'elle s'est formée à partir d'un jugement, et que cette même racine ne tarde pas à se manifester. À moins que ce jugement amer n'ait été traité et qu'une réconciliation n'ait eu lieu, permettant ainsi à l'amour de circuler à nouveau, le même jugement se manifestera dans la prochaine chose que vous ferez ! On ne peut pas plaisanter avec ça. Il s'agit d'une loi spirituelle irréversible.

Souvent, les gens jugent les autres pour avoir commis l'adultère. Puis ils succombent eux-mêmes à la même tentation. Beaucoup de problèmes dans nos vies proviennent de nos propres jugements ; nous devenons ce que nous avons jugé. En vérité, juger les autres n'est rien d'autre que de l'autosatisfaction. Parfois, nous sommes fiers de défendre la justice. Mais, en réalité, nous avons porté des jugements dans nos cœurs. Nous ne voyons pas la poutre dans notre propre œil lorsque nous essayons d'enlever la paille de l'œil de l'autre.

La dynamique très puissante à l'œuvre ici est que toutes les questions de jugement d'actes répréhensibles en nous-mêmes ou chez les autres sont une forme de religiosité issue de la consommation de l'Arbre de la Connaissance du Bien et du Mal. Lorsque nous faisons cela, les conséquences sont inévitables. Galates 3:10 le dit très clairement :

> *Car tous ceux qui s'attachent aux œuvres de la loi sont sous la malédiction ; car il est écrit : « Maudit est quiconque n'observe pas tout ce qui est écrit dans le livre de la loi, et ne le met pas en pratique. »*

Beaucoup d'entre nous se demandent pourquoi la bénédiction de Dieu ne se manifeste pas dans nos vies comme il l'a promis. Peut-être devrions-nous prendre le temps de demander au Saint-Esprit de nous montrer si des jugements nous guettent, si nous avons jugé les autres *et nous-mêmes* en essayant de vivre sous la loi. Lorsque nous vivons sous cette loi, nous vivons sous une malédiction car tout le système a été maudit. Il est impossible de prospérer sous ce régime.

Vivre à partir du cœur

Dans ma vie et mon ministère, j'accorde désormais une grande importance à la vie de mon cœur. La centralité du cœur est de la plus haute importance dans la vie chrétienne. Ce n'est pas à partir de notre intelligence naturelle que nous percevons quoi que ce soit spirituellement – c'est à partir de notre esprit et de notre cœur. Il va sans dire que notre intelligence est bonne car elle a été créé par Dieu. Dieu a voulu que nous utilisions notre intelligence. Cependant, son dessein est que notre intelligence soit opérationnelle lorsqu'elle est connectée à l'Arbre de Vie. Contrairement à la conception de Dieu, l'autre façon d'utiliser notre intelligence est de la connecter à l'Arbre de la Connaissance du Bien et du Mal. Lorsque c'est le cas, nous utilisons constamment notre intelligence pour porter des jugements de valeur sur ce qui est bien ou mal. Nous avons besoin de vivre selon des formules et des principes. Nous voulons vivre notre vie selon des règles. Il est plus facile de se référer à un *manuel de lois* dans une situation donnée que de prendre une décision à partir du cœur. Vivre selon des directives c'est ne pas utiliser « la pensée de l'Esprit » (Rom 8:6 & 27) pour discerner ce qu'il faut faire dans une situation donnée. Essayer de résoudre les choses dans notre intelligence entraînera la mort spirituelle. Le discernement et la connaissance qui découlent d'une connexion du cœur avec l'Arbre de Vie sont totalement différents de ceux qui découlent de nos pensées naturelles.

Considérez ceci ! Dans Éphésiens 4:17, Paul dit très fortement :

> *Voici donc ce que je dis et ce que je déclare dans le Seigneur, c'est que vous ne devez plus marcher comme les païens, qui marchent selon la **vanité[2] de leurs pensées**. Ils ont l'intelligence obscurcie, ils sont étrangers à la vie de Dieu, à cause de l'ignorance qui est en eux, à cause de l'endurcissement de leur cœur. (LSG)*

Il n'y a pas beaucoup de choses que Paul écrit avec autant de force, en *insistant* dans le Seigneur, et peut-être nous attendrions-nous à ce qu'il dise quelque chose sur le péché sexuel, par exemple. Au lieu de cela, il *insiste dans le Seigneur* pour qu'ils ne vivent plus dans la futilité de leur pensée. Qui plus est, Paul assimile cette futilité de la pensée à un « obscurcissement de l'intelligence » et un

---

2. Ndlr : Certaines traductions comme la NIV traduise 'Je vous le dis donc et j'insiste dans le Seigneur, vous ne devez plus vivre comme les païens, dans la ***futilité de leur pensée***. Ils sont obscurcis dans leur intelligence et séparés de la vie de Dieu à cause de l'ignorance qui est en eux par suite de l'endurcissement de leur cœur.'

endurcissement du cœur. C'est très sérieux.

Nous voyons ici le lien entre l'intelligence et le cœur. Lorsque nous essayons de vivre à partir de l'Arbre de la Connaissance du Bien et du Mal, il s'agit selon Paul d'une 'pensée futile'. En d'autres termes, nous ne pouvons pas penser correctement si nous sommes séparés de notre cœur. Si notre cœur est endurci, nous ignorons comment fonctionne la pensée de Dieu. Nous sommes ignorants de ses pensées et de ses voies à cause de notre cœur endurci. Les pensées et les voies de Dieu découlent de son cœur d'amour.

C'est quelque chose que nous pouvons si facilement manquer. Nous devons nous nourrir de la vie plutôt que d'essayer de tout résoudre. Nous pouvons être libérés de l'inquiétude de savoir si les choses sont conformes aux normes. Si nous vivons à partir du cœur, connectés à l'Arbre de Vie, il n'y a pas besoin de se préoccuper de ces choses. Ce serait un énorme soulagement d'être libéré de la contrainte de juger et d'entrer dans la vie qui découle du cœur de Dieu. C'est cela le véritable Évangile – être connecté à la vie ! Quel soulagement et quelle joie d'être dans un lieu où l'on a le cœur ouvert, où l'on se déplace dans et avec le cœur d'amour qui est en Dieu, sans avoir à être constamment sur nos gardes, à évaluer de nombreuses décisions et questions spirituelles à chaque instant.

L'ARBRE DE VIE

Laissez-moi maintenant vous parler de l'Arbre de Vie. Ironiquement, il semble y avoir plus à dire sur l'Arbre de la Connaissance du Bien et du Mal que sur l'Arbre de Vie. C'est parce que l'Arbre de Vie est en fait très simple. L'Arbre de Vie, c'est simplement ceci : être connecté à l'amour de Dieu et vivre dans cet amour, demeurer dans l'amour dont le Père et le Fils jouissent dans le lien du Saint-Esprit. Nous pouvons vivre dans une expérience continuelle d'être aimé par le Père et son Fils Jésus. Le Saint-Esprit déverse cet amour sur nous, encore et encore, à mesure que nous croyons (Rom. 5:5).

Et il y a un fruit à cet Arbre de Vie. Galates 5:22 nous en donne une description. C'est l'amour, la joie, la paix, la patience, la bonté, la bénignité, la fidélité, la douceur, la tempérance. Paul dit : « …il n'y a pas de loi contre de telles choses ». C'est ce que l'amour du Père produit automatiquement dans nos vies.

Nous le voyons à nouveau et de manière plus précise dans 1 Corinthiens 13. Dans les premiers versets, Dieu dit que, quels que soient nos talents, si nous n'avons pas cet amour, nous ne sommes rien. Il décrit ensuite ce que l'amour de Dieu répandu en vous produira en vous :

> *L'amour est patient, il est plein de bonté ; l'amour n'est pas envieux ; l'amour ne se vante pas, il ne s'enfle pas d'orgueil, il ne fait rien de malhonnête, il ne cherche pas son intérêt, il ne s'irrite point, il ne soupçonne pas le mal, il ne se réjouit pas de l'injustice, mais il se réjouit de la vérité ; il supporte tout, il croit tout, il espère tout, il endure tout. L'amour ne périt jamais.*

C'est ce que votre personnalité deviendra automatiquement lorsque l'amour de notre Père se déversera en vous. Lorsque nous vivons selon l'Arbre de la Connaissance du Bien et du Mal, nous agissons en fonction de nos décisions et de notre connaissance du bien et du mal. En revanche, lorsque nous marchons dans l'expérience continue de l'amour du Père, nos cœurs seront transformés pour devenir des cœurs selon le propre cœur de Dieu et nous serons motivés comme

Lui et ressentirons les choses comme lui les ressent. Son amour qui se déverse débordera alors avec toutes ses caractéristiques, que nous appelons le fruit de l'Esprit.

Nous voyons à nouveau le contraste de la vie qui découle des deux arbres dans Jacques 3:13-18 :

> *Lequel d'entre vous est sage et intelligent ? Qu'il montre ses œuvres par une bonne conduite avec la douceur de la sagesse. Mais si vous avez dans votre cœur un zèle amer et un esprit de dispute, ne vous glorifiez pas et ne mentez pas contre la vérité. Cette sagesse n'est point celle qui vient d'en haut ; mais elle est terrestre, charnelle, diabolique. Car là où il y a un zèle amer et un esprit de dispute, il y a du désordre et toutes sortes de mauvaises actions. La sagesse d'en haut est premièrement pure, ensuite pacifique, modérée, conciliante, pleine de miséricorde et de bons fruits, exempte de duplicité, d'hypocrisie. Le fruit de la justice est semé dans la paix par ceux qui recherchent la paix.*

Lorsque nous sommes en communion avec Dieu, nous mangeons de l'Arbre de Vie. Lorsque nous mangeons de l'Arbre de Vie et que les yeux de nos cœurs commencent à s'ouvrir, nous marchons et vivons dans la sagesse et la révélation dont Paul parle dans Éphésiens 1. C'est là que se trouve la vie. La vie ne consiste plus à prendre des décisions entre le bien et le mal ou entre ce qui est juste et faux. Il s'agit de vivre à partir de cette immensité d'amour. C'est cela l'amour, vivre en intimité avec le Père dans son Fils. C'est ce qu'Adam savait dans le jardin avant la chute. Adam connaissait cette connexion de vie avec le Père.

Chapitre Un

LA COUVERTURE DE L'AMOUR

Nous revenons à cette vie. C'est l'amour qui couvre tout. Cette réalité est magnifiquement démontrée dans Luc 7, lorsque Jésus visite la maison de Simon le Pharisien. Il est ironique que la plupart des traductions contemporaines de la bible placent un titre à propos « d'une femme pécheresse » au-dessus de ce passage.

Ce qui s'est passé dans ce passage est une chose étrange si l'on prend en compte la culture dans laquelle se déroule cette histoire. Ces hommes, dans la maison du pharisien, pensaient avoir tout pour eux. Dans leur esprit, ils étaient en route vers le nouveau royaume de Dieu qui devait être établi sur terre. Ils donnaient leur vie à protéger la Loi. Garder la lettre de la loi était de loin la chose la plus importante pour eux. Chaque détail de la loi occupait leur vie quotidienne.

Comme il a dû être intimidant pour cette femme d'entrer dans cette pièce remplie de ces hommes considérés comme les meilleurs de la société. Ils devaient tous être là, parés de leurs plus beaux atours et très satisfaits de leur respect des exigences de la Loi. Ils avaient organisé un repas spécial et invité ce rabbin, Jésus, à dîner avec eux. Ils se considéraient comme des initiés aux desseins de Dieu. Je trouve très intéressant que ces hommes sachent qui est cette femme. Ils savaient qu'elle était une prostituée. Je me demande parfois comment ils ont pu savoir quelle était sa profession !

Il y a quelque chose dans ce que représente la présence de Jésus pour des personnes brisées, dégradées, impures et considérées comme indésirables. Le dernier recours de ceux d'entre nous qui n'ont plus rien est de venir à Jésus. La chose la plus merveilleuse est que Jésus nous rencontre dans notre brisement. La présence du

Seigneur est si disponible. Sa présence est véritablement réelle car il a un cœur pour nous. Et, au milieu de ce scénario, cette femme, « l'outsider » par excellence, entre en scène.

Les pharisiens réunis dans la maison de Simon la jugent comme une femme pécheresse. Mais ce n'est pas le cœur de Jésus à son égard. Elle vient dans toute sa détresse, n'ayant plus d'autre choix. Elle a été souillée par tout ce qu'elle a pu endurer. Enfin, au bout d'elle-même, elle est prête à tout risquer. Elle déverse son cœur à Jésus, ses larmes lavant ses pieds. Elle ne possède rien mais donne tout ce qui lui reste.

Ce que les pharisiens voient c'est une prostituée qui donne sa carte de visite à un homme qui se dit Fils de Dieu. Ils restent là à se demander quelle sera sa réponse. Est-il un homme moralement pur ? Peut-il faire face à cette situation de manière appropriée ? Le livre des Proverbes nous dit qu'une prostituée est reconnue par ses baisers, ses cheveux et son parfum. Cette femme arrive avec tout ça. Le parfum est peut-être celui qu'elle utilise pour son travail. Ses cheveux et ses baisers sont ses outils de travail. C'est tout ce qu'elle a à donner et elle donne tout. Elle se donne, avec ce qui reste de sa dignité et des outils de son métier. Elle dépose tout cela aux pieds de Jésus.

Au verset 39, nous voyons une démonstration de la façon de vivre de l'Arbre de la Connaissance du Bien et du Mal :

> *Le pharisien qui l'avait invité, voyant cela, dit en lui-même : Si cet homme était prophète, il connaîtrait qui et de quelle espèce est la femme qui le touche, il connaîtrait que c'est une pécheresse.*

Le jugement du pharisien était clairement basé sur ce qui était bien et mal, mais Jésus a défié cela. Ce qui est beau dans cette histoire, c'est que Jésus était en effet un prophète et qu'il savait *exactement* qui était cette femme. Au verset 40, nous lisons :

> *Jésus prit la parole, et lui dit : Simon, j'ai quelque chose à te dire. -Maître, parle, répondit-il.*

Simon répond ainsi car il veut plus d'informations pour porter un jugement. Mais Jésus poursuit en racontant une parabole :

> *Un créancier avait deux débiteurs : l'un devait cinq cents deniers, et l'autre cinquante. Comme ils n'avaient pas de quoi payer, il leur remit à tous deux leur dette. Lequel l'aimera le plus ? Simon répondit : Celui, je pense, auquel il a le plus remis.*
>
> *Jésus lui dit : Tu as bien jugé. Puis, se tournant vers la femme, il dit à Simon : Vois-tu cette femme ? Je suis entré dans ta maison, et tu ne m'as point donné d'eau pour laver mes pieds ; mais elle, elle les a mouillés de ses larmes, et les a essuyés avec ses cheveux. Tu ne m'as point donné de baiser ; mais elle, depuis que je suis entré, elle n'a point cessé de me baiser les pieds. Tu n'as point versé d'huile sur ma tête ; mais elle, elle a versé du parfum sur mes pieds. C'est pourquoi, je te le dis, ses nombreux péchés ont été pardonnés : car elle a beaucoup aimé. Mais celui à qui on pardonne peu aime peu.*

Notez que Jésus se tourne vers la femme mais il s'adresse à Simon. Je peux imaginer que Jésus est rempli d'amour et de compassion en la regardant. Il savait que cette femme était venue avec tout ce qu'elle avait. Je me demande si elle était là lorsque Jésus a prononcé le Sermon sur la Montagne. Peut-être a-t-elle vu quelque chose dans ses yeux ou entendu quelque chose dans sa voix, quelque chose qui le distinguait des autres hommes qu'elle avait rencontrés. Sa faim et son besoin d'amour ont trouvé un écho et une réponse en Lui. D'une certaine manière, elle savait qu'il pouvait l'aimer d'une manière qu'elle désirait ardemment. Il l'a aimée avec l'amour d'un père, restaurant la dignité de sa personne. Il a manifesté un amour qui dépassait de loin le code moral de ce qui était perçu comme bien et mal.

L'AMOUR NE FAIT JAMAIS DÉFAUT

Comment cette pauvre femme a-t-elle su que tout était question d'amour ? Comment a-t-elle su que la vie chrétienne n'était pas vraiment une question de bien et de mal, de bon ou de mauvais ou de faire ce qu'il convient de faire en toute circonstance ?

C'est si simple. L'Arbre de Vie est une question d'amour qui couvre toutes les choses sur lesquelles nous passons tant de temps à examiner la valeur morale. Si vous aimez, vous ne pouvez pas vous tromper. Lorsque nous communions avec le Père, les yeux de notre cœur s'ouvrent à nouveau. Ces yeux qui se sont ouverts pour toute la race humaine lorsque l'homme a pris de l'Arbre de la Connaissance du Bien et du Mal se referment à nouveau. Et les yeux de notre cœur s'ouvrent à nouveau pour que nous puissions manger librement de l'Arbre de Vie. Si nous nous nourrissons de l'amour du Père, nous aimerons de l'amour du Père !

Lorsque nous commençons vraiment à marcher dans l'amour, il y a tant de choses que nous n'avons pas besoin de travailler. Si vous avez à cœur de vous nourrir constamment de l'Arbre de Vie et de juger avec le jugement qui apporte la liberté et la miséricorde, il est tellement plus facile d'aimer que de faire quoi que ce soit d'autre. C'est lorsque nous n'aimons pas que nous devons tout évaluer. Quand on aime, on peut libérer les gens parce que ce n'est pas à nous de les juger.

Que Dieu nous accorde la belle innocence de Jésus. Il ne jugeait pas. Il était le seul à pouvoir porter des jugements exacts, mais il ne l'a pas fait. Si ce n'était pas son rôle de juger, ce n'est certainement pas le nôtre. Il y a tellement plus de joie et de liberté lorsque vous n'avez pas à déterminer dans quelle mesure une personne a raison ou a tort. Si vous devez corriger, faites-le de manière à donner la vie et non la mort. La discipline dans l'amour et l'attention bienveillante envers une personne est la voie qui la ramène à la vie. L'Arbre de Vie regarde le cœur, pas les actions.

L'Arbre de Vie est un fondement d'amour et de liberté. Tout jugement dans la perspective de l'amour de Dieu et dans le courant de vie est un jugement juste. À l'inverse, juger à partir de l'autre arbre conduit à la servitude et à la mort. C'est ce à quoi Jacques exhorte au chapitre 2:12-13 :

> *Parlez et agissez comme devant être jugés par une loi de liberté, car le jugement est sans miséricorde pour qui n'a pas fait miséricorde. La miséricorde triomphe du jugement.*

La liberté et la miséricorde sont des facteurs essentiels. La miséricorde triomphe du jugement. Là où la miséricorde remplace le jugement, c'est la volonté de Dieu qui l'emporte. La miséricorde consiste à libérer le coupable et à souhaiter qu'il soit béni. C'est ainsi que Dieu nous voit. Il nous regarde avec miséricorde au lieu de nous juger. Son amour ne nous punit pas et nous n'avons donc rien à craindre. Comme le dit 1 Jean 4:18 (NIV) :

> *La crainte n'est pas dans l'amour, mais l'amour parfait bannit la crainte ; car la crainte suppose un châtiment.*

Lorsque nous savons qu'il n'y a plus de châtiment parce que la miséricorde a triomphé du jugement, alors nous n'avons plus peur. Il n'y a pas de peur dans l'amour que Dieu a pour nous. Le péché dont on s'est repenti n'entraîne plus de jugement :

> *Qui accusera les élus de Dieu ? C'est Dieu qui justifie !*
> – Rom 8:33

Il peut y avoir des conséquences dans la vie pour avoir commis un péché mais, lorsque l'on s'en est repenti, du point de vue de Dieu, sa miséricorde l'emporte sur le jugement. Le jugement est l'une des questions des plus sérieuses entre nous et Dieu. Comment pouvons-nous juger un membre de son peuple qu'il a justifié ? Si Dieu n'a plus de problème avec cette personne, comment pouvons-nous, en tant que simples mortels, dire qu'elle n'est pas digne de notre communion ?

Nous sommes tous en train d'apprendre à voir avec les yeux de l'amour. Les gens peuvent dire que « l'amour est aveugle », mais en réalité seul l'amour voit vraiment. Cette question du jugement du bien et du mal nous a tous énormément affectés. Vous n'obtiendrez jamais une image positive de vous-même dans l'Arbre de la Connaissance du Bien et du Mal. Vous ne l'obtiendrez qu'à partir de l'Arbre de Vie – en vous voyant tel que Dieu vous voit vraiment. Beaucoup de nos problèmes viennent du fait que nous nous nourrissons de la mauvaise source. Lorsque nous commençons à manger de l'Arbre de Vie, ces problèmes sont résolus.

Chapitre Un

Je pense que nous sommes bien placés pour le savoir car, pendant si longtemps, Denise et moi avons vécu si fidèlement à partir de l'Arbre de la Connaissance du Bien et du Mal. Nous avions une grande vision et une grande détermination à servir le Seigneur parce qu'il avait tant fait en nous. Nous avions atterri avec un bruit sourd au milieu de la lumière et de la vie et nous étions très enthousiastes à l'idée d'atteindre tout le monde. Nous nous sommes impliqués dans tout ce qui était possible et nous avons donné tout ce que nous avions trois ou quatre fois. Nous sommes devenus des experts du ministère. Notre grande question en réponse à chaque besoin était : « Que ferait Jésus ? » Si vous vous posez cette question, vous finirez par être très occupés. C'est ce que nous avons fait et nous avons souffert d'un « burn out » grave, et nous avons découvert que cela ne faisait pas partie du Christianisme selon Dieu.

Permettez-moi de vous le dire très clairement. Si vous arrivez à saisir cela, vous serez libéré d'une quantité immense de « préceptes des courants de pensées d'église »[3]. Cela vous libérera des mentalités légalistes et des attentes que vous avez de vous-même en tant que chrétien. Je crois vraiment que cela peut vous libérer afin de simplement vous réjouir de votre vie chrétienne et votre relation avec Dieu. Le but de l'Arbre de la Connaissance du Bien et du Mal est de vous détourner d'une relation simple avec votre Père pour vous amener à une autre façon de vivre, dans un autre évangile qui n'est pas du tout une bonne nouvelle. Satan a été très efficace pour nous égarer. Cependant, la véritable justice est une question de relation vraie avec Dieu, et non un comportement correct dans le monde. L'Arbre de Vie est un lien d'amour avec notre Père. La seule chose qui ne périt jamais c'est l'amour. Si vous mangez de l'Arbre de Vie, vous aurez naturellement de la grâce pour les gens et serez capable de leur pardonner. Vous serez patient et gentil envers eux et vous agirez correctement à leur égard. Si

---

3. NDLR : l'auteur a fabriqué le mot « Churchianity » pour construire cette idée.

votre perspective est de voir automatiquement les choses qui ne vont pas dans la vie d'une autre personne, alors vous mangez du mauvais arbre. Si votre défaut naturel est de voir les choses qui ne vont pas dans votre propre vie, alors vous vous nourrissez du mauvais arbre. La seule vie chrétienne qui fonctionne réellement est celle qui découle de l'Arbre de Vie.

CHAPITRE DEUX

Ouvrir les Yeux du Cœur

∼

Les années d'épuisement que Denise et moi avons traversées ont eu un effet surprenant sur nous et nous sommes sortis de cette période en réalisant que quelque chose n'allait pas du tout dans notre perception du christianisme. Pourtant, après avoir passé du temps dans de nombreux pays et après avoir vu le christianisme dans de nombreuses cultures différentes, il semble que le style prédominant du soi-disant christianisme rempli de l'Esprit contemporain soit exactement ce qui nous a conduit au « burn out ». Dans le christianisme actuel, nous sommes fortement influencés par la manière dont le monde fonctionne. Nous appliquons les mêmes principes que ceux du monde des affaires à notre marche avec le Seigneur. Pour bâtir une affaire prospère, il faut être motivé, structuré, énergique et engagé. De même, pour évangéliser le monde, il faut être une personne très motivée et orientée vers un but précis. Les principes fondamentaux de l'esprit d'entreprise impliquent d'avoir un rêve, de le planifier et de le mettre en œuvre. Si vous travaillez votre plan avec suffisamment de diligence, vous *devez* réussir. Les mêmes techniques de motivation sont appliquées dans le christianisme contemporain. Certains orateurs stimulants capables de mobiliser utilisent exactement les mêmes principes et transforment la vie spirituelle en un projet d'entreprise. Il y a même des prédicateurs chrétiens qui peuvent s'adresser au monde des affaires en tant qu'orateurs parce qu'ils prônent exactement les mêmes principes pour réussir à mobiliser, à motiver. Par ailleurs, certaines églises invitent ce type d'orateurs du monde entier à venir contribuer à la formation des disciples de leurs congrégations. Les réunions de direction des églises étant souvent axées sur le zèle, l'engagement, la planification comme des clés du succès. Les concepts et les valeurs du monde s'infiltrent dans l'Église.

Il y a eu un dérèglement important du christianisme dans ces domaines. Je m'enhardis à parler plus fermement que jamais de ces choses, parce que je vois de plus en plus clairement que, dès que vous commencez à planifier l'œuvre de Dieu dans votre vie spirituelle, vous avez laissé le Saint-Esprit en dehors ! Vous ne pouvez pas planifier le Saint-Esprit ; il n'entre dans aucun plan. Nous pouvons chanter « Ni par la force, ni par la puissance mais par mon Esprit, dit le Seigneur » avec beaucoup d'enthousiasme mais, dès que nous sommes sortis de ça, nous utilisons toute notre force et notre puissance pour accomplir l'œuvre de Dieu. L'une des grandes fausses idées dans l'Église est que le christianisme peut être compris par l'étude seule, qu'il peut être saisi par la pensée humaine et que vous marchez avec Dieu par vos propres efforts de maîtrise de soi et de discipline. Nous ne nous rendons pas compte que ces méthodes ne permettent pas de connaître ou de servir le Seigneur. Il regarde au cœur. Dieu recherche une relation de cœur avec nous et son désir est que nous vivions à partir de notre cœur et non pas à partir de ce que nous pensons qu'un chrétien est *censé faire*. Beaucoup pensent que nous sommes en relation avec Dieu à partir de notre cœur mais nous travaillons pour Lui avec nos efforts. Nous avons perdu de vue ce que Paul voulait dire lorsqu'il affirmait que Dieu travaillait puissamment en lui (Col 1:29) et que Jésus disait que les œuvres qu'il faisait n'étaient pas les siennes, mais que c'était le Père qui travaillait en lui (Jean 14:10).

Avant qu'Adam et Ève ne mangent de l'Arbre de la Connaissance du Bien et du Mal, ils voyaient la vie avec des yeux différents, les yeux du cœur. Au travers d'eux, ils voyaient l'amour de Dieu le Père pour eux et ils se voyaient eux-mêmes à la lumière de cet amour. Leur relation l'un avec l'autre était vécue à travers le regard de leur cœur. Les yeux de leur cœur étaient actifs et les yeux de la pensée qui évaluaient le bien et le mal, le bon et le mauvais, le correct et l'incorrect n'étaient pas actifs. Ils étaient aveugles à ces concepts et à ces jugements. Lorsqu'ils ont mangé de l'Arbre de la Connaissance du Bien et du Mal, ils sont entrés dans la même forme de connaissance que celle à partir de laquelle Satan agit. La nature de Satan est le jugement du bien et du mal. Telle est la réalité de Satan. Il voit tout dans le paradigme du bien et du mal. Il est le légaliste suprême et originel.

Le serpent a dit en fait : « Dieu vous fait du *mal*. Il retient quelque chose de *bon*. Il sait que si vous mangez ce fruit, vous serez comme lui. Il essaie de vous maintenir dans quelque chose de négatif. Il ne veut pas vous donner ce qui est bon ! » Telle était la tentation de Satan. Dès qu'Adam et Ève ont mangé de l'arbre, leur vision de la vie a commencé à ressembler à celle de Satan. Les yeux avec lesquels le serpent voyait se sont ouverts pour l'humanité. Auparavant, leur seul concept était celui de l'amour de Dieu pour eux. Ils savaient qu'il leur était interdit de manger de l'Arbre de la Connaissance du Bien et du Mal, mais c'était la seule interdiction qui leur était faite. Pour eux, tout n'était que paix et joie. Si vous vous étiez assis avec eux et aviez tenté de leur expliquer le concept d'insécurité, vous auriez pu essayer pendant cent ans, mais ils ne l'auraient pas compris. L'intégralité de leur expérience était que le Dieu tout-puissant marchait avec eux chaque jour et qu'il les aimait complètement et parfaitement. Ils étaient remplis de cet amour et n'avaient donc aucune raison d'avoir peur ou d'être insécures.

Chapitre Deux

Lorsqu'ils ont mangé le fruit, leurs yeux se sont ouverts et ils ont pu concevoir la possibilité de faire ce qui est juste ou faux, de choisir le bien ou le mal. Depuis lors, la race humaine est obsédée par cette question et des problèmes tels que l'insécurité, la peur et une image négative de soi sont devenus la norme.

Avez-vous déjà pensé à ce que cela ferait d'être physiquement aveugle ? J'y ai beaucoup réfléchi. Je suis une personne très visuelle et je n'arrive pas à imaginer ce que vivent les personnes qui ne voient pas. J'ai connu des personnes qui ont perdu la vue et c'est un choc énorme pour elles. Un grand nombre de nos dictons sont liés au concept de la vue. Lorsque nous nous disons au revoir, nous disons souvent « on se voit plus tard[4] », mais ce n'est jamais une expérience réelle pour la personne aveugle. Quand on est aveugle, on ne peut pas voir. Lorsque les yeux de la pensée ont été ouverts, les yeux du cœur ont été fermés. Les yeux qui pouvaient voir la réalité de l'intimité avec le Père et son amour pour eux se sont fermés et, lorsqu'ils sont sortis du jardin, le souvenir de marcher avec le Père a commencé à s'estomper. Au cours des générations suivantes, le monde a perdu ce souvenir. Ils avaient entendu parler de ce Dieu mais personne ne pouvait le voir. Personne ne le comprenait ni ne savait qui il était vraiment.

Dieu a alors commencé à s'ouvrir à la race humaine. Il a envoyé des prophètes, des enseignants, des législateurs et des juges. Il a envoyé des rois et des poètes, des guerriers et des mères en Israël. Il les a envoyés pour le représenter d'une manière ou d'une autre à un peuple qui ne le connaissait pas et qui ne pouvait pas le voir. Le monde entier était fermement ancré dans le paradigme selon lequel la vie était une question de bien et de mal. C'est encore le cas

---

4. Ndlr : En anglais, on dit « See you later » littéralement « on se voit plus tard » pour désigner l'expression typiquement française « A plus tard ».

aujourd'hui. Même les plus petits détails de notre vie sont perçus en termes de bien et de mal. « Ce n'est pas la bonne couleur de chemise pour aller avec cette veste » ou « ce n'est pas la bonne façon de te coiffer ».

En lisant la bible, une chose m'est apparue de plus en plus clairement. Depuis la chute, le programme de Dieu pour la race humaine est d'ouvrir à nouveau les yeux du cœur. Dans l'ensemble des Écritures, nous constatons à maintes reprises que le but du ministère consiste à ouvrir des yeux aveugles pour qu'ils voient la réalité de qui est Dieu. Pour démontrer ce point, je voudrais choisir des exemples à différents moments de l'histoire des relations de Dieu avec l'humanité. Ces exemples illustrent le mandat donné par Dieu tout au long de l'Ancien et du Nouveau Testament.

LE MINISTÈRE DE MOÏSE LE LÉGISLATEUR

Dans Deutéronome 29 (en commençant par le début du chapitre), nous lisons l'histoire des enfants d'Israël sortant d'Égypte et comment le Seigneur a fait de si grands miracles pour eux. Moïse leur rappelle ce que le Seigneur a fait pour eux, en séparant la mer Rouge, en les conduisant dans le désert et en leur donnant un pays à posséder :

> *Moïse convoqua tout Israël, et leur dit : Vous avez vu tout ce que l'Éternel a fait sous vos yeux, dans le pays d'Égypte, à Pharaon, à tous ses serviteurs, et à tout son pays, les grandes épreuves que tes yeux ont vues, ces miracles et ces grands prodiges.*

Au verset 4, Moïse dit ensuite ces mots :

Chapitre Deux

> *Mais, jusqu'à ce jour, l'Éternel ne vous a pas donné un cœur pour comprendre, des yeux pour voir, des oreilles pour entendre... afin que vous connussiez que je suis l'Éternel, votre Dieu.*

Au milieu de tous les signes et les prodiges dont ils avaient été témoins, ils n'avaient toujours pas « un cœur pour connaître, des yeux pour voir et des oreilles pour entendre ».[5]

Il s'agit de leur incapacité à voir avec les yeux du cœur, à percevoir et à comprendre véritablement. Les yeux du cœur du peuple étaient fermés. Moïse a pu voir parce que son cœur était différent. Son cœur n'était pas endurci et les yeux de son cœur n'étaient pas aveuglés. Il s'agit d'une étape très importante dans le développement d'Israël. Nous voyons dans ce passage que les Israélites en général n'avaient pas la capacité de voir avec les yeux qui avaient été fermés. Ils voyaient avec leurs yeux naturels, jugeant du bien et du mal.

LE MANDAT D'ÉSAÏE LE PROPHÈTE

Si nous examinons le chapitre 6 d'Ésaïe, la même interrogation est relevée. Ésaïe est probablement l'un des plus grands prophètes. Une grande partie de sa prophétie est sous forme poétique, bien que cela ne soit pas immédiatement apparent lorsque nous la lisons en français[6]. Le livre d'Ésaïe est un livre extraordinaire, non seulement par ce qu'il dit, mais aussi par la manière dont il le dit. Ésaïe a été appelé à être un prophète. Au sixième chapitre, nous lisons une expérience remarquable qu'il a vécue :

---

5. Ndlr : Deutéronome 29 :4 – traduction Darby

6. Ndlr : L'auteur a écrit dans la version originale « en anglais ».

L'année de la mort du roi Ozias, je vis le Seigneur assis sur un trône très élevé, et les pans de sa robe remplissaient le temple. Des séraphins se tenaient au-dessus de lui ; ils avaient chacun six ailes ; deux dont ils se couvraient la face, deux dont ils se couvraient les pieds, et deux dont ils se servaient pour voler. Ils criaient l'un à l'autre, et disaient :

« Saint, saint, saint est l'Éternel des armées !
Toute la terre est pleine de sa gloire ! »
Les portes furent ébranlées dans leurs fondements par la voix qui retentissait, et la maison se remplit de fumée.
Alors je dis :
« Malheur à moi ! Je suis perdu,
car je suis un homme dont les lèvres sont impures,
j'habite au milieu d'un peuple dont les lèvres sont impures,
et mes yeux ont vu le Roi,
l'Éternel des armées. »
Mais l'un des séraphins vola vers moi, tenant à la main une pierre ardente, qu'il avait prise sur l'autel avec des pincettes. Il en toucha ma bouche, et dit :
« Ceci a touché tes lèvres ;
ton iniquité est enlevée,
et ton péché est expié ».
J'entendis la voix du Seigneur, disant :
« Qui enverrai-je,
et qui marchera pour nous ? »
Je répondis : « Me voici, envoie-moi. »
Il dit alors : « Va, et dis à ce peuple :
'Vous entendrez, et vous ne comprendrez point ;
Vous verrez, et vous ne saisirez point.'
« Rends insensible le cœur de ce peuple,

Chapitre Deux

> *Endurcis ses oreilles,*
> *et bouche-lui les yeux,*
> *Pour qu'il ne voie point de ses yeux,*
> *n'entende point de ses oreilles,*
> *Ne comprenne point de son cœur,*
> *Ne se convertisse point et ne soit point guéri... »*

Lorsque le prophète a fait cette expérience de voir le Seigneur, il a été perdu. Ce n'est pas juste parce qu'il a été affecté par la gravité du moment. Il s'est retrouvé à plat ventre sur le sol, chaque atome de son corps tombant pratiquement en morceaux. Il était complètement bouleversé et rempli du sentiment de son profond néant. Il doit s'agir de la plus grande montagne russe émotionnelle, qui part de la vision de la gloire de Dieu entourée de séraphins jusqu'à la prise de conscience de sa propre impureté. Il a vu la gloire de Dieu *et* est descendu dans les profondeurs. Et maintenant, il est propulsé vers les hauteurs lorsque l'ange touche ses lèvres avec le charbon ardent. Il sait que son iniquité est enlevée et que ses lèvres sont purifiées.

Maintenant, il peut vraiment parler en tant que prophète. Dès que l'ange touche ses lèvres, Ésaïe entend le Seigneur poser cette question : « Qui enverrai-je et qui ira pour nous ? » Dieu attend qu'Ésaïe se porte volontaire. Le Seigneur veut vraiment que nous participions à ce qu'il fait, mais il ne nous force jamais à faire quoi que ce soit. C'est toujours notre choix. Il nous guide – il ne nous dirige pas. Si vous êtes poussé par quelqu'un qui vous dit que vous *devez* faire quelque chose, vous pouvez être sûr que cela ne vient pas de Dieu. Dieu vous attirera toujours. Jésus a dit : « Mes brebis entendent ma voix et elles me suivent ». Si vous ne suivez pas par votre libre arbitre, alors ce n'est pas le Seigneur qui vous demande d'aller dans cette direction.

Nous avons ici ce scénario incroyable dans lequel le Seigneur touche Ésaïe et le prophète entend alors Dieu le Père commencer à échanger avec le Fils et l'Esprit. Il entend la voix du Seigneur qui dit : « Qui enverrai-je et qui ira pour nous ? » Imaginez que tout cela arrive à Ésaïe : il est témoin de la gloire de Dieu qui remplit le temple, il voit les anges entourer le trône, ses lèvres sont touchées par un charbon ardent provenant de l'autel. Et Dieu – le Père, le Fils et le Saint-Esprit – permet à Isaïe d'entendre leur conversation. Les personnes de la Divinité permettent à cet homme d'entendre ce qu'elles se disent. Je trouve amusant d'imaginer leur discussion comme suit :

« Qui allons-nous envoyer ? As-tu une idée ? »
« Je me demande... »

Puis Ésaïe, presque à contrecœur, prend la parole et prononce ces mots étonnants : « *Me voici* ».

« *Oh oui, tu es là !* » Dieu laisse apparemment à Ésaïe le soin de se porter volontaire. Et il répond,

« *Me voici, envoie-moi. J'irai et je dirai ta parole.* »

Voici maintenant la partie importante. Cette expérience incroyable que Dieu a accordée à Ésaïe le préparait à la mission qu'il était sur le point de lui confier. Le Seigneur s'adresse alors directement à Ésaïe et ce qu'il lui dit de dire devient la base de toute la vie et de tout le ministère du prophète :

« Vous entendrez, et vous ne comprendrez point ;
Vous verrez, et vous ne saisirez point.
Rends insensible le cœur de ce peuple,

*Endurcis ses oreilles,
et bouche-lui les yeux,
Pour qu'il ne voie point de ses yeux,
n'entende point de ses oreilles,
Ne comprenne point de son cœur,
Ne se convertisse point et ne soit point guéri. »*

Ce que Dieu dit ici, c'est : « Je t'envoie prêcher ma parole mais quand tu le feras, ils ne la recevront pas. Ils ont déjà décidé que ma parole n'était qu'une question de ce qui est juste et faux, mais je t'envoie quand même comme témoin. Je t'envoie exercer un ministère auprès d'un peuple qui n'écoutera pas. En fait, ta prédication leur fermera *encore plus* les oreilles ».

Quel appel pour le ministère ! Le ministère du prophète *ne* portera *pas* de fruit. Bien au contraire – il éloignera encore plus les gens. Cela remet vraiment en question notre idée de ce qu'est véritablement le ministère.

Dieu envoie le prophète prêcher cette parole mais en même temps il dit à Ésaïe que le peuple n'écoutera pas. Ils n'auront pas d'yeux pour voir ni d'oreilles pour entendre. Ils n'auront pas la capacité de comprendre. Pourquoi ? Parce que leur cœur est endurci et qu'ils sont prisonniers de leurs autres yeux – *les yeux qui jugent ce qui est bien et ce qui est mal.* Ils s'engagent sur la voie de l'obéissance à la loi. Ils ont déjà une grande connaissance dans leur tête, de sorte que lorsqu'Ésaïe prêche de son cœur au leur, il n'y a pas de réponse. La parole de Dieu fait toujours appel au cœur et le cœur endurci ne peut jamais la recevoir.

Nous sommes enfermés dans le même problème – celui du bien et du mal. Nous pouvons être tellement focalisés sur le péché.

Savez-vous que Dieu ne s'intéresse pas du tout au péché ? Sa seule préoccupation avec le péché est de s'en débarrasser. Il n'est pas morbidement intéressé par les détails des péchés – évaluant les bons et les mauvais. Il veut simplement se débarrasser de l'ensemble. Il ne se dit pas : « Oh, vous êtes une personne terrible, vraiment affreuse – vous êtes un pécheur ! » Bien sûr, il sait que vous êtes un pécheur ! Vous êtes né en Adam. Il n'y a pas d'espoir pour vous, si ce n'est en Jésus. Jésus nous a lavés de nos péchés. Combien de nos péchés Jésus a-t-il effacés ? Tous ! Il ne s'agit pas de péché. Ce n'est pas une question de bien ou de mal ! Il s'agit d'ouvrir les yeux sur quelque chose d'autre. Il s'agit de voir une autre réalité.

Même en tant que chrétiens, nos yeux sont ouverts sur le bien et le mal. Notre système de valeurs est basé sur le péché et la justice des actions. Nos yeux sont ouverts sur le fait de faire le bien et de s'abstenir de faire le mal. Tout tourne autour de ce qu'*il faut* et de ce qu'*il ne faut pas*. La réalité est toute autre. Lorsque vous regardez le bien et le mal, le saint ou l'impur, vous vivez toujours votre vie chrétienne à partir du mauvais arbre – l'Arbre de la Connaissance du Bien et du Mal. Cette expression « le mauvais arbre » nous a éclairés. Denise et moi, nous nous regardons souvent l'un l'autre lorsque nous réagissons d'une certaine manière à une circonstance et nous nous disons : « Mauvais arbre ! »

Voici une question intéressante à méditer. Pensez-vous que Dieu se réveille chaque matin en se disant : « Je ne dois absolument pas pécher aujourd'hui » ? Bien sûr que non ! C'est tout *naturellement* qu'il ne pèche pas. Comment fait-il ? *Il vit selon un principe de vie différent.* Il vit selon la loi de l'amour – et *l'amour ne peut pas pécher*. L'amour de Dieu ne peut commettre aucun péché. Même si un cœur d'amour ne comprend pas vraiment ce qu'est le péché, il ne péchera pas pour autant – parce que l'amour ne peut pas pécher. L'amour ne veut que le meilleur et fait ce qu'il y a de mieux pour celui qu'il aime. L'amour ne peut pas voler la personne qu'il aime. L'amour ne peut pas mentir à la personne qu'il aime. Quand on aime quelqu'un, on ne va pas l'assassiner. L'amour accomplit naturellement et automatiquement la loi. Ce sont les yeux du cœur qui se concentrent sur l'amour, mais ce sont les yeux de l'esprit naturel (la chair) qui voient le bien et le mal. Tout le problème de la vie et du ministère d'Ésaïe était exactement ce que Dieu lui avait dit : ces gens sont enfermés dans la vision des yeux de la connaissance du bien et du mal et ils ne peuvent pas être guéris.

Le ministère de Jésus

Faisons maintenant un bond en avant jusqu'à l'époque de Jésus. Dans Matthieu 13, à partir du verset 13, nous lisons que Jésus a prêché et enseigné autour de cette même question de l'activation des yeux et des oreilles du cœur. Il a dit :

> *C'est pourquoi je leur parle en paraboles, parce qu'en voyant ils ne voient point, et qu'en entendant ils n'entendent ni ne comprennent. Et pour eux s'accomplit cette prophétie d'Ésaïe :*
>
> *« Vous entendrez de vos oreilles, et vous ne comprendrez point ;*
> *Vous regarderez de vos yeux, et vous ne verrez point.*
> *Car le cœur de ce peuple est devenu insensible ;*
> *Ils ont endurci leurs oreilles,*
> *et ils ont fermé leurs yeux,*
> *De peur qu'ils ne voient de leurs yeux, qu'ils n'entendent de leurs oreilles,*

Qu'ils ne comprennent de leur cœur, Qu'ils ne se convertissent,
et que je ne les guérisse. »

Mais heureux sont vos yeux, parce qu'ils voient, et vos oreilles, parce qu'elles entendent ! Je vous le dis en vérité, beaucoup de prophètes et de justes ont désiré voir ce que vous voyez, et ne l'ont pas vu, entendre ce que vous entendez, et ne l'ont pas entendu.

La réalité est la suivante. Nous vivons comme au jour d'Ésaïe et de Jésus. Les cœurs des gens sont *encore* ternes. Ils sont ternes parce que les yeux du cœur sont fermés et que les yeux de la connaissance du bien et du mal, du correct et de l'incorrect sont ouverts.

Le fruit et la force du mauvais arbre ne consiste pas en la connaissance uniquement du mal. Le pouvoir insidieux du mauvais arbre consiste en la connaissance du *bien* tout autant que du mal ! *Nous sommes trompés parce que nous croyons que la connaissance du « bien » est une chose pieuse.* Comment peut-on argumenter contre le fait de « faire le bien » ? Permettez-moi de dire clairement que ce n'est pas parce qu'une chose est « bonne » qu'elle est nécessairement de Dieu ! Dieu ne consiste pas à choisir le « bien ». La nature de Dieu est l'amour et c'est ce qu'il est. Il cherche l'amour, pas ce qui est bon !

Dès que vous posez la question : « Que dit la bible à ce sujet ? » ou « Quelle est la bonne chose à faire ? » ou même « Que ferait Jésus ? » – vous êtes dans le mauvais arbre. Si la question est dans le mauvais arbre, la réponse sera certainement dans le mauvais arbre. Quelqu'un m'a dit un jour, à propos d'un problème de péché qui avait surgi au sein de la direction de l'église : « Cela n'a rien à voir avec l'amour. C'est une question de vérité ! » Cela me semblait ridicule. Comment le christianisme peut-il ne rien avoir à faire avec l'amour ? *Dieu* est amour ! Tout dans le christianisme doit être basé sur l'épanouissement de l'amour. L'amour et la vérité ne font qu'un !

Jésus a raconté des paraboles pour essayer d'ouvrir les yeux des gens. Les paraboles ne devaient pas être analysées par l'intelligence – elles ne pouvaient être comprises qu'au niveau du cœur. C'était là tout l'intérêt du ministère de Jésus : amener les oreilles du cœur à entendre, les yeux du cœur à voir et le cœur à comprendre. Lorsque Jésus a pris la parole pour la première fois dans la synagogue (Luc 4:16-21), il a lu un passage du rouleau du prophète Ésaïe : « L'Esprit du Seigneur est sur moi, Parce qu'il m'a oint ... pour *rendre la vue aux aveugles.* » Je ne crois pas qu'il parle ici en premier lieu à des aveugles physiques. Je crois qu'il parle avant tout des yeux du cœur. Son ministère, qu'il a reçu du Père, était d'ouvrir les yeux aveugles du cœur.

Considérez ceci : comment Jésus a-t-il choisi les douze disciples ? Ils étaient les rejetés, pour ainsi dire, après que la crème de la société religieuse juive ait été sélectionnée pour être formée dans les écoles rabbiniques. Comment Jésus a-t-il su choisir les douze qui étaient ses disciples les plus proches ? Jésus avait la capacité, donnée par son Père, de lire dans les cœurs. Il pouvait voir ceux que le Père lui avait donnés. C'étaient ceux dont le cœur était ouvert pour recevoir l'amour que le Père avait pour eux. Au début de son ministère terrestre, il s'est « chargé » (comme certains pourraient le penser) d'un groupe d'hommes hétéroclites. Il y avait quelques pêcheurs, un collecteur d'impôts égocentrique et guidé par la richesse, un zélote (qui prônait le renversement violent des Romains) – c'était la lie, la racaille de la société.

J'*aime* la lie. J'aime travailler avec ceux qui ont été ignorés et rejetés. En général, les gens choisissent les personnes les plus prometteuses qui ont l'air bien sur le papier. J'en suis très heureux, car cela permet de les écarter. La voie est maintenant libre pour voir qui sont les rejetés. Jésus a choisi les rejetés qui avaient un bon cœur et qui l'ont prouvé. La plupart d'entre eux ont fini leur vie en martyrs. Il a transmis aux disciples la responsabilité du salut de l'humanité. C'était une énorme responsabilité. Jésus a porté sur lui la responsabilité du salut de l'humanité et, lorsqu'il est ressuscité des morts et qu'il est retourné au ciel, cette responsabilité a été transmise aux Douze. S'il n'avait pas eu confiance en eux, dans la puissance de l'Esprit, pour accomplir cette tâche, quel espoir y aurait-il pour chacun d'entre nous ? Mais il avait choisi des hommes au cœur bon, des hommes dont les « yeux du cœur » avaient été ouverts. Ils n'étaient pas focalisés sur le bien et le mal, mais ils sont devenus des canaux de l'amour de Dieu.

Nous devons comprendre que l'Évangile concerne l'amour de Dieu. Il ne s'agit pas de justice. L'amour est toujours et sans exception juste. La justice est le produit, pas l'élément central. L'Église d'aujourd'hui est en lutte avec l'amour. Elle lutte avec l'amour entre les individus, entre les dirigeants, entre les dénominations. De nombreux anciens responsables ne peuvent pas faire confiance aux jeunes et aux nouveaux responsables. Ces derniers ont du mal à aimer leurs aînés. Pourquoi luttons-nous avec l'amour ? Parce que nous n'en avons pas fait l'expérience. Nos yeux ont été ouverts sur le bien et le mal, et nous avons vécu notre vie chrétienne sur la base de cette évaluation. Tous les conflits dits « chrétiens » sont fondés et alimentés par des perspectives de bien et de mal, de bon et de mauvais. Toute résolution à partir de cette perspective est faible et imparfaite parce qu'elle est basée sur la raison qui ne peut pas aimer.

Il y a un moyen beaucoup plus facile : être rempli de l'amour du

Père jusqu'à ce que cet amour devienne l'expression de votre vie. Lorsque vous serez remplis de l'amour du Père, vous découvrirez une chose intéressante. Vous découvrirez que le péché ne vous intéresse plus. De même, vous ne vous intéresserez plus à essayer de déterminer ce qui est bien et ce qui est mal. Vous voudrez juste aimer – et vous découvrirez que l'amour ne peut pas pécher. L'amour de Dieu ne peut pas pécher. L'amour humain peut pécher, mais l'amour de Dieu ne le peut pas. L'amour de Dieu est sa nature même. La seule façon d'aimer avec son amour est d'en être rempli. Si les yeux de votre cœur s'ouvrent grands, vous ferez l'expérience de ce qu'Il vous aime d'une manière que vous n'avez jamais connue auparavant. Son amour pour vous ne changera pas, mais vous en ferez l'expérience parce que vous serez capable de le recevoir dans votre cœur. L'amour de Dieu s'adresse toujours et uniquement au cœur.

L'APPEL DU MINISTÈRE DE PAUL

Ce mandat divin d'ouvrir les yeux des aveugles s'est poursuivi dans le ministère de l'apôtre Paul. Paul est probablement l'auteur le plus important du Nouveau Testament. Je pense personnellement que Paul, dans une certaine mesure, est peut-être plus important pour nous que les Douze parce que (comme nous) il n'a jamais vu Jésus face à face. Il n'était pas un disciple de Jésus au sens littéral et physique du terme. Il est donc entré dans le christianisme comme vous ou moi. Être frappé de cécité sur le chemin de Damas n'est pas ce que l'on peut appeler normal, mais la vérité est que Paul est devenu croyant à la suite d'une rencontre avec Jésus ressuscité. C'est au cours de cette rencontre que Paul a reçu la mission de son ministère.

Si nous allons dans Actes 26:12-18, nous pouvons voir plus en détail ce qui s'est passé lors de la rencontre sur le chemin de Damas. Ici, Paul témoigne devant le roi Agrippa :

> *C'est dans ce but que je me rendis à Damas, avec l'autorisation et la permission des principaux sacrificateurs. Vers le milieu du jour, ô roi, je vis en chemin resplendir autour de moi et de mes compagnons une lumière venant du ciel, et dont l'éclat surpassait celui du soleil. Nous tombâmes tous par terre, et j'entendis une voix qui me disait en langue hébraïque : Saul, Saul, pourquoi me persécutes-tu ? Il te serait dur de regimer contre les aiguillons. Je répondis : Qui es-tu, Seigneur ? Et le Seigneur dit : Je suis Jésus que tu persécutes. Mais lève-toi, et tiens-toi sur tes pieds ; car je te suis apparu pour t'établir ministre et témoin des choses que tu as vues et de celles pour lesquelles je t'apparaîtrai. Je t'ai choisi du milieu de ce peuple et du milieu des païens, vers qui je t'envoie,* **afin que tu leur ouvres les yeux, pour qu'ils passent des ténèbres à la lumière et de la puissance de Satan à Dieu**, *pour qu'ils reçoivent, par la foi en moi, le pardon des péchés et l'héritage avec les sanctifiés.*

Nous voyons clairement ici que Paul a reçu la *même mission* que Moïse, Ésaïe et Jésus. Son ministère consistait à ouvrir les yeux du cœur afin que le peuple puisse percevoir la vraie vérité. Ce passage dit que, si les yeux du cœur ne sont pas ouverts et que vous vivez seulement par les yeux de l'intelligence, vous marchez toujours dans la voie de Satan. En d'autres termes, vivre avec les yeux qui voient le bien et le mal est la manière de vivre de Satan.

Actes 28 l'affirme à nouveau. Paul avait prêché au sujet de Jésus à ces personnes, à partir de Moïse et des prophètes (v. 25). Il leur parlait du matin au soir et ils n'aimaient pas ce que Paul disait :

Chapitre Deux

> *Comme ils se retiraient en désaccord, Paul n'ajouta que ces mots : C'est avec raison que le Saint-Esprit, parlant à vos pères par le prophète Ésaïe, a dit : Va vers ce peuple, et dis :*
> *Vous entendrez de vos oreilles, et vous ne comprendrez point ;*
> *Vous regarderez de vos yeux, et vous ne verrez point.*
> *Car le cœur de ce peuple est devenu insensible ;*
> *Ils ont endurci leurs oreilles, et ils ont fermé leurs yeux,*
> *De peur qu'ils ne voient de leurs yeux, qu'ils n'entendent de leurs oreilles,*
> *Qu'ils ne comprennent de leur cœur,*
> *Qu'ils ne se convertissent,*
> *et que je ne les guérisse.*

Paul cite ici directement le sixième chapitre d'Ésaïe. Nous voyons par-là que la prédication de Paul se résume à la même question. De Moïse à Ésaïe, d'Ésaïe à Jésus, puis à Paul – l'enjeu de tout ministère est d'ouvrir les yeux du cœur. Il ne s'agit pas d'enseigner des préceptes et des principes mais d'ouvrir les yeux qui ont été aveuglés – les yeux du cœur. Car, lorsque les yeux du cœur sont ouverts, vous vous détournez de la connaissance du bien et du mal pour vous tourner vers Dieu lui-même.

Rappelez-vous d'où vient cette connaissance du bien et du mal. Elle provient de la sagesse corrompue de Satan, qui aspirait à *devenir comme Dieu*. Je l'ai souligné dans le chapitre précédent, en citant Ézéchiel 28. Satan opérait à partir de sa sagesse corrompue qui peut être réduite à choisir ce qui est bien et à s'abstenir de ce qui est mal. C'est pourquoi j'ai dit que, de même que l'Arbre de Vie est une manifestation de la nature de Dieu, l'Arbre de la Connaissance du Bien et du Mal est une manifestation de la nature de Satan.

Permettez-moi d'être clair ici, au cas où il y aurait un malentendu. Il est clairement mauvais de faire des choses telles que dépasser la limite de vitesse, ou même tuer. Cela ne fait aucun doute. Lorsqu'il s'agit des questions pratiques de la vie, nous devons faire des choix souvent entre ce qui est bien et ce qui est mal. Est-il bon ou mauvais de marcher devant un bus ? Bien sûr que c'est mauvais ! Si vous êtes médecin ou infirmier, vous devez savoir ce qu'il convient de faire. Il est certain que je veux être soigné par des médecins qui savent ce qu'il faut faire sur le plan médical. Il y a des choses que vous savez clairement qu'il ne faut pas faire. Mais lorsque nous parlons *de notre relation avec Dieu et de notre marche avec lui,* le bien et le mal n'ont *rien* à voir. Il s'agit de notre marche personnelle et intime avec Dieu et du ministère qui en découle. On n'obtient pas la paix en faisant ce qu'il faut en tant que chrétien. On obtient la paix en oubliant ce qui est bien ou mal et en tombant dans son amour. Lorsque vous tombez dans son amour, vous en êtes rempli et vous ne pouvez rien faire d'autre qu'aimer – *et l'amour ne peut pas pécher.*

La seule façon d'aimer avec l'amour de Dieu est d'être rempli de son amour. Jésus est mort sur la croix pour que nous puissions nous approcher hardiment du trône de la grâce, sauter sur les genoux du Créateur de l'univers et être totalement acceptés dans ses bras. Lorsque Paul parle d'être délivré de la puissance de Satan au profit de Dieu, il s'agit de la même réalité que d'être transformé des ténèbres à la lumière. Pour moi, c'est très important. Lorsque vous essayez de vivre selon une liste de choses bien ou mal, vous découvrez ceci : plus vous vivez longtemps, plus la liste s'allonge. C'est sans fin. C'est une source permanente de condamnation. Quelle que soit le niveau de bonté atteint, il y aura toujours de nouvelles choses qui vont arriver que vous ne connaissiez pas ou que vous n'avez pas encore faites. Le problème majeur des chrétiens d'aujourd'hui est la condamnation, un sentiment omniprésent de ne pas être à la hauteur. Nous nous sentons trop condamnés pour chercher auprès de Dieu les réponses à notre vie, alors nous nous rendons en masse à des conférences pour recevoir une prophétie personnelle. En réalité, personne n'est plus proche de Dieu que vous. Il vit dans votre cœur.

L'Objectif du Ministère

C'est à cela que se résume tout le ministère. Comme je l'ai montré à partir de ces passages de l'Écriture, l'enjeu du ministère depuis le jardin d'Éden est d'éclairer les yeux de nos cœurs. Du point de vue de Dieu, le but unique de l'Évangile est d'ouvrir les yeux du cœur des gens afin qu'il soit connu. Le cœur de Dieu est que chaque ministre de l'Évangile ait pour mandat d'ouvrir les yeux qui sont devenus aveugles – les yeux du cœur. En tant que prédicateur, je suis parfaitement conscient que c'est le mandat que Dieu m'a donné – ouvrir les yeux aveugles pour que les yeux du cœur deviennent fonctionnels. Au fur et à mesure que votre cœur s'anime, vous commencez à comprendre. Je n'avais jamais réalisé que le lieu pour recevoir la révélation était le lieu de l'amour. Pourtant, lorsque l'on y réfléchit, c'est d'une évidence criante. Si vous voulez faire l'expérience de quelque chose venant de Dieu, plus vous êtes proche de l'amour, plus vous en ferez l'expérience. Pourquoi ? Parce que Dieu *est* amour. Lorsque vous êtes en harmonie, vous avez des oreilles pour l'entendre. Il parle à partir du cœur et se révèle aux yeux du cœur. La compréhension est bien supérieure à la connaissance. La connaissance est un sous-produit de la compréhension et l'amour apporte la compréhension.

Plus votre cœur s'ouvre, plus vous verrez Dieu, plus vous l'entendrez et plus vous serez guéri. Nous avons passé de nombreuses années à prier pour que les gens soient guéris et nous avons vu des guérisons émotionnelles incroyables se produire. Maintenant, je veux amener les gens dans le courant où la guérison se produit continuellement. Vous pouvez donner un poisson à un homme affamé ou lui apprendre à pêcher. Qu'est-ce qui est le mieux ? Je me concentre moins sur la prière pour la guérison personnelle car je veux dire aux gens comment entrer dans le courant de l'amour du Père pour eux. Une fois que le cœur d'une personne est ouvert à *son amour*, la guérison se poursuivra tout au long de sa vie.

Je ne veux pas mettre mon espoir dans quoi que ce soit d'autre que dans le plaisir de marcher avec mon Père. Si vous cessez de jouir de cette relation intime, votre cœur commencera à se refermer. Les ambitions, les rêves, la productivité, les objectifs et les stratégies deviendront votre centre d'intérêt. Les yeux de votre cœur commenceront alors à se fermer. Comme l'a dit quelqu'un, « je me suis tellement concentré sur ma vision que j'ai perdu la vue ». Nous pouvons recevoir une vision de Dieu et nous y concentrer si fortement que nous perdons la capacité de voir avec des yeux spirituels. Appréciez votre marche personnelle avec le Père. Appréciez son amour pour vous. Réjouissez-vous de son amour pour vous. Ce faisant, les yeux et les oreilles de votre cœur s'ouvriront plus largement. Votre compréhension et votre perspective de Dieu dans votre vie grandiront. Si tu parles aux autres et qu'Il t'aime pendant que tu parles, ils feront aussi l'expérience de cet amour. Ouvrez votre cœur pour en faire l'expérience pendant que vous parlez et la substance de cet amour coulera à travers vous vers ceux qui écoutent. Nous appelons cela « l'onction », mais c'est simplement Dieu qui est lui-même à travers vous.

J'écris ceci pour vous donner de l'espoir. Ne vous découragez pas si vous trouvez cela en vous. Il est normal de voir avec les mauvais yeux. Il est normal que les yeux de notre cœur soient aveuglés et ne fonctionnent pas. J'en parle pour démontrer que les yeux qui voient

Chapitre Deux

le bien et le mal ne sont pas les yeux pour la chrétienté. Si nous pouvons comprendre que cela nous enferme dans un faux évangile, alors les yeux du cœur peuvent devenir plus forts et s'ouvrir pour voir la vérité.

Vous vous demandez peut-être si les yeux de votre cœur sont ouverts. Comment le savoir ? Tout ce que vous avez à faire, c'est de vous poser une question : aimez-vous ce que vous lisez ici ? Êtes-vous en résonance avec ce que je vous communique ? Vous voyez, si vous aimez cela, c'est votre cœur qui l'aime. Ce sont les yeux de votre cœur qui sont ouverts pour apprécier la vérité. Ne vous préoccupez pas du *degré d'ouverture* de vos yeux. Réalisez simplement que Dieu les ouvre de plus en plus et qu'Il continuera à le faire. Plus il ouvre les yeux de votre cœur, plus vous serez capable de croire et de recevoir l'amour du Père pour vous. Inversement, lorsque nous nous concentrons sur ce qui est bien ou mal, l'amour du Père est bloqué dans notre cœur. Il est bloqué parce que tout ce que vous voyez, c'est votre propre indignité et ce que vous devez faire pour y remédier. Le flux d'amour est entravé. La vérité est que Dieu vous aime en raison de *sa nature* et non de vos mérites. Il vous aime parce qu'il *est* amour. Il vous aime parce qu'il vous a créé. Il ne peut pas ne pas vous aimer. Le seul chemin permettant d'entrer dans l'amour éternel de Dieu consiste à passer par Jésus mais il vous aime même si vous n'y êtes pas encore venu. Dieu a tant aimé le monde qu'il a donné son Fils pour lui.

C'est une révélation qui captivera totalement votre cœur et, dans les moments de faiblesse, vous ne pourrez pas nier la réalité de ce que vous avez déjà vu. La révélation change votre perspective sur Dieu. Vous pouvez nier ce que vous avez appris intellectuellement mais vous ne pouvez pas nier ce que vous avez vu par révélation. La révélation est l'ouverture des yeux du cœur pour voir comment Dieu voit. La révélation permet aux gens de voir qui est vraiment Dieu et ce que signifie vraiment marcher avec Lui.

CHAPITRE TROIS

La Troisième Loi

∽

Cette première partie du livre a exploré les immenses changements paradigmatiques qui ont eu lieu dans notre marche avec Dieu. La prise de conscience d'avoir vécu à partir du mauvais arbre et du fait que les yeux de nos cœurs ont besoin d'être ouverts pour percevoir la réalité de qui est Dieu devient le véritable fondement de notre christianisme. Cette révélation de l'amour du Père est un nouveau fondement qui s'oppose à l'ancien fondement de la connaissance du bien et du mal. Cependant, en réalité, c'est un nouveau fondement parce que nos yeux ont été aveuglés. L'Arbre de Vie est le véritable fondement de notre marche avec Dieu. L'ouverture des yeux du cœur est le seul moyen de le connaître car il n'est connu que par révélation. Dans ce chapitre, je parlerai d'un autre changement de paradigme majeur que j'ai vu récemment.

Ce que l'Évangile est réellement

Depuis que j'ai eu la révélation de l'amour du Père et que j'ai commencé à marcher dans cette vie de fils avec lui, j'ai l'impression pour la première fois de ma vie de comprendre ce qu'est réellement l'Évangile. Étant chrétien depuis longtemps, on pourrait penser que j'ai une idée de ce que c'est, mais ce n'est pas vraiment le cas, parce que je commence tout juste à le voir maintenant. Je me demande

Chapitre Trois

si la majorité de ceux qui se réclament de la chrétienté comprend véritablement ce qu'est l'Évangile. Le corps de Christ est rempli de personnes très sincères. Nous sommes époustouflés par les rencontres avec les nombreux croyants à travers le monde avec lesquels nous avons cheminé. La vie qu'ils ont menée, ce qu'ils font et ce qu'il y a dans leur cœur. Nous sommes régulièrement stupéfaits par de telles personnes. Nous aimons vraiment le corps de Christ. Pourtant, au milieu de tout cela, j'ai l'impression que de nombreuses personnes vivent la vie chrétienne sans vraiment saisir ce qu'elle est réellement. Il y a quelques années, Denise et moi nous adressions à un groupe d'animateurs de jeunesse aux îles Fidji. Nous nous adressions à eux dans une hutte sans mur, au toit de chaume. Le toit était soutenu par des poteaux en bois. En tant qu'orateur, je peux saisir si les gens comprennent ou non ce que je dis. Je peux voir dans leurs yeux si je suis compris ou non. Pendant que je parlais, j'ai été étonné de constater à quel point mon auditoire savait peu de choses. La plupart d'entre eux ne savaient ni lire ni écrire et j'essayais donc de rendre mes propos aussi simples que possible. La plupart d'entre eux n'avaient pas reçu le même niveau d'enseignement que nous. Je me souviens avoir fait remarquer à Denise à quel point il était étonnant de les voir si zélés avec un si faible niveau de compréhension. À l'époque, je me demandais pourquoi ils étaient autant zélés, étant donné qu'ils ne savaient vraiment pas grand-chose. Aujourd'hui, je vois qu'ils étaient zélés parce qu'ils avaient fait l'expérience de la réalité de Dieu pour eux.

Au cours des vingt dernières années, j'ai eu l'impression de me trouver dans un fleuve de révélation. Je ne sais pas exactement où cela va et où cela s'arrête mais c'est merveilleux et extraordinaire. Certaines de ces révélations sont frappantes et le christianisme contemporain luttera pour les accepter. Nous avons suivi un chemin solitaire à cause de cela. Lorsque nous recevons une révélation sur quelque chose, tant d'autres éléments de l'Écriture se déclenchent. C'est comme si l'on mettait une pièce dans un puzzle et que l'on voyait soudain où s'emboîtaient dix autres pièces. C'est à la fois très excitant tout en étant aussi un lieu de solitude.

Parfois, vous vous battez pendant des années et des années avec quelque chose que vous lisez dans l'Écriture, luttant avec une déclaration ou un concept que vous n'arrivez pas vraiment à saisir. J'avais lutté avec un passage particulier tout au long de ma vie chrétienne (et je suis chrétien depuis plus de quarante ans), mais ce n'est que récemment que j'ai compris ce qu'il signifiait. Cela ne m'est pas apparu soudainement comme par un éclair de révélation. Il s'agissait plutôt d'une prise de conscience de ce qu'est réellement l'Évangile. Lorsque cette évidence a commencé à m'apparaître, elle m'a considérablement ébranlé.

Le passage auquel je fais référence est le chapitre 7 de l'épître aux Romains. Alors que je le lisais et que j'avançais dans le chapitre 8, j'ai eu une révélation sur ce dont il était question et j'ai vraiment eu l'impression que c'était la fin d'un cercle dans ma marche avec le Seigneur. J'ai reçu un niveau incroyable de discernement sur quelque chose de basique et fondamental. Je prends toujours un risque lorsque je partage une révélation, car il arrive souvent que les gens ne saisissent pas ce que j'essaie de leur transmettre. Vous ne pouvez cependant pas imposer la révélation aux gens. Les gens ne peuvent recevoir que l'étape suivante. Il y a des évolutions de la compréhension qui nécessitent des fondations de révélation qui s'installent sur une longue période, afin de pouvoir être en mesure de saisir un plus grand discernement par la suite. On ne peut entendre ou voir que ce que l'on est prêt à entendre ou à voir. Quand cela m'est arrivé, j'ai senti pour la première fois que je commençais à comprendre où Paul voulait en venir. Personnellement, je m'identifie davantage aux autres qu'à Paul, mais dans ce domaine, j'ai l'impression de commencer à comprendre son point de vue. Voilà qui est passionnant. Pour commencer, permettez-moi de revenir à l'Ancien Testament et au prophète Ézéchiel.

La prophétie d'Ézéchiel

Le livre d'Ézéchiel contient un verset qui a commencé à orienter mes yeux dans une autre direction. Les prophètes de l'Ancien Testament ont commencé à prophétiser sur la venue de la nouvelle alliance que Dieu apporterait au monde. Il avait choisi un peuple descendant d'Abraham pour être son témoin auprès de toutes les nations du monde. Cela devait être l'accomplissement de la promesse faite à Abraham que toutes les nations du monde seraient bénies par sa descendance. La Loi a été donnée par Moïse sur le mont Sinaï, mais elle n'a jamais pu être accomplie. La Loi est là pour vous montrer qu'il est impossible de la respecter ! Mais les prophètes ont prophétisé l'avènement d'un jour nouveau ; ils voyaient la venue de Jésus. Dans ce passage d'Ézéchiel (36:22-28), nous avons l'un des principaux exemples de la prédiction de ce nouveau jour :

> *C'est pourquoi dis à la maison d'Israël : Ainsi parle le Seigneur, l'Éternel : Ce n'est pas à cause de vous que j'agis de la sorte, maison d'Israël ; c'est à cause de mon saint nom, que vous avez profané parmi les nations où vous êtes allés. Je sanctifierai mon grand nom, qui a été profané parmi les nations, que vous avez profané au milieu d'elles. Et les nations sauront que je suis l'Éternel, dit le Seigneur, l'Éternel, quand je serai sanctifié par vous sous leurs yeux. Je vous retirerai d'entre les nations, je vous rassemblerai de tous les pays, et je vous ramènerai dans votre pays. Je répandrai sur vous une eau pure, et vous serez purifiés ;*

> *je vous purifierai de toutes vos souillures et de toutes vos idoles. Je vous donnerai un cœur nouveau, et je mettrai en vous un esprit nouveau ; j'ôterai de votre corps le cœur de pierre, et je vous donnerai un cœur de chair. Je mettrai mon esprit en vous, et je ferai en sorte que vous suiviez mes ordonnances, et que vous observiez et pratiquiez mes lois. Vous habiterez le pays que j'ai donné à vos pères ; vous serez mon peuple, et je serai votre Dieu.*

Ici encore, nous pouvons voir la vérité selon laquelle, en tant que chrétiens, nous devons marcher par l'amour, non par le bien et le mal, et non en essayant de juger nos propres actions bonnes ou mauvaises ou celles des autres. Lorsque l'homme et sa femme ont vu l'Arbre de la Connaissance du Bien et du Mal, ils ont compris qu'il était bon à manger. Cela *semblait* être une façon très attrayante de vivre la vie. De plus, les personnes qui vivent de cet arbre ont l'air vraiment bien. Nous les considérons comme des chrétiens exemplaires parce que nous les évaluons sur la base du fait qu'ils font tout ce qu'il faut. Le fruit de l'arbre parait bon à manger, il est visuellement attirant et ceux qui en mangent sont tout aussi séduisants. Il semble capable de vous rendre sage. Vous aurez l'air de quelqu'un qui sait tout ce qu'il faut faire de bien. On dirait vraiment que je vais devenir sage en suivant ce chemin. Le hic, c'est que vous êtes toujours limité par ce que *vous* pensez être juste, selon *votre perspective limitée* de ce que signifie la sainteté. Cela ne peut pas aller plus loin que votre éducation. Le christianisme, en revanche, se mesure par l'amour.

Dans Ézéchiel 36:26-27, nous lisons une brève description de ce que fera la nouvelle alliance lorsque Dieu l'établira. C'est là que la vie dans l'amour de Dieu vous conduira. Contrairement à l'ancienne alliance, ce passage déclare que Dieu établira une nouvelle alliance.

Chapitre Trois

Au verset 26 du chapitre 36, nous voyons une description de cette nouvelle alliance. Il dit :

> *« Je vous donnerai un cœur nouveau, et je mettrai en vous un esprit nouveau ; j'ôterai de votre corps le cœur de pierre, et je vous donnerai un cœur de chair. »*

Il faut savoir que dans la bible le mot « nouveau » est souvent utilisé de manière interchangeable avec le mot « renouveler ».[7]

Lorsque Dieu dit : « Je vous donnerai un cœur *nouveau* et je mettrai en vous un esprit *nouveau* », il fait une déclaration *rédemptrice*. Il parle d'un esprit humain *renouvelé*. Le « cœur de pierre » est le même que celui décrit dans Jérémie 17:9 comme « tortueux et incurable »[8]. Lorsque Dieu vous donne un nouveau cœur, c'est un bon cœur – non plus un cœur de pierre, mais un cœur de chair. C'est pourquoi, lorsque nous sommes remplis de l'Esprit de Dieu, notre cœur commence à désirer les choses de Dieu. Nous pouvons alors être conduits par l'Esprit de Dieu – dans notre cœur. Dieu nous donnera les désirs de nos cœurs que nous pourrons alors commencer à suivre. Il renouvelle nos cœurs et nos esprits humains. Il promet ensuite de mettre son Esprit en nous. Et voici la parole qui a eu un tel impact sur moi :

> *« Je mettrai mon esprit en vous, et JE FERAI EN SORTE que vous suiviez mes ordonnances, et que vous observiez et pratiquiez mes lois. »*

Lorsque nous vivons notre vie chrétienne à partir de l'Arbre de

---

7. Le mot hébreu utilisé ici est chadash ou chadashah (féminin) qui a le sens de "renouveler" ou de "rafraîchir".

8. Ndlr : Bible Du Semeur (BDS)

la Connaissance du Bien et du Mal, ce n'est pas vraiment une vie chrétienne. C'est un style de vie de l'Ancien Testament qui consiste à respecter les lois, mais nous le faisons *après* avoir été sauvés. C'est ce que j'appelle le « christianisme de l'ancienne alliance ». Par conséquent, nous sommes privés de la puissance du salut et de ce qu'est réellement l'Évangile. En faisant ce qui est bon et en nous abstenant de faire ce qui est mauvais, c'est *nous* qui agissons. Soit Dieu nous fait marcher dans ses voies, soit nous le faisons nous-mêmes – et seul Dieu peut vraiment le faire. Dans nos vies chrétiennes, il est à la fois « …le vouloir et le faire ! » (Phil 2:13). Il n'y a pas d'autre alternative à l'observation de ses commandements : il le fait en nous. Lorsque nous sommes indépendants de Dieu, c'est *à nous* qu'il incombe de le faire. Il faut prendre les bonnes décisions. Notre vie chrétienne a été conduite par notre propre capacité à prendre des décisions, à nous discipliner et à façonner nos propres actions.

La promesse du Seigneur par l'intermédiaire d'Ézéchiel est que c'est *lui qui nous amène à faire* – c'est l'essence de la nouvelle alliance. Il nous dit : « Je changerai votre motivation et je vous ferai faire les choses dans lesquelles je prends plaisir ». Lorsque j'entends cette promesse, ma seule réponse, c'est de m'écrier : « Donne-moi cela ! ». Si Dieu peut me changer ainsi, lorsque je suis confronté à la tentation, ce ne sont pas mes efforts ou ma discipline qui résisteront à la tentation. C'est plutôt Dieu qui, d'une manière ou d'une autre, *m'amènera à faire* ce qu'il ferait. Il me fera faire ce qu'il ferait. C'est ce que je veux !

Il y a des années, j'ai dit au Seigneur : « Quoi que cela me coûte. Je me fiche de savoir à quel point c'est douloureux. Pourrais-tu simplement me débarrasser de tout ce qui m'empêche d'être comme Jésus ? S'il te plaît, fais-moi une « Jésu-fication » instantanée. Je me fiche de savoir à quel point cela fait mal ! » En fait, rien ne s'est passé en réponse à cette prière, mais je ne comprenais pas cette réalité de la nouvelle alliance selon laquelle il me ferait faire ce qu'il ferait. Je n'avais pas réalisé que c'était là la véritable promesse de l'Évangile – que Dieu ferait tout !

LE DISCOURS DE PAUL DANS ROMAINS

Cela m'amène à Romains 7, un chapitre que j'ai beaucoup aimé. Les quatre premiers versets étaient clairs pour moi. Paul y explique comment nous nous sommes libérés de l'obligation de l'ancienne alliance afin de pouvoir entrer dans une nouvelle alliance dans notre relation avec Dieu. Aux yeux de Dieu, l'ancienne alliance était comme un mariage et ne pouvait donc pas être dissoute. Je sais que le divorce est très répandu aujourd'hui et que le mariage ne semble pas avoir la même signification dans notre culture, mais la métaphore du mariage utilisée par Paul a pour but de souligner la permanence de l'ancienne alliance.

L'alliance que Dieu conclut avec Israël remonte à Abraham. Lorsque Dieu a conclu cette alliance avec Israël, il s'agissait pour lui d'une alliance de mariage ; un engagement qui devait durer toute la vie des deux parties. Nous voyons cette réalité tout au long de l'Ancien Testament, en particulier dans le livre d'Osée. Dieu demande au prophète Osée d'épouser une prostituée afin que, lorsqu'elle lui sera infidèle (ce qui fut le cas), il sache ce que Dieu ressent lorsqu'Israël lui est infidèle. Dieu compare sa relation avec son peuple à un mariage.

Paul dit dans Romains 7 que le mariage est une alliance contraignante jusqu'à ce que l'une des parties meure. Il n'y a aucun moyen de rompre l'alliance jusqu'à ce que « la mort nous sépare ». L'alliance demeure ininterrompue tant qu'il y aura des Israélites.

Elle a été donnée à Abraham et aux enfants de ses enfants. Paul dit cependant ici que l'alliance de l'Ancien Testament n'a plus d'emprise sur nous. Vous vous demandez peut-être comment l'alliance a été rompue. Je peux vous dire comment Dieu est sorti de cette alliance. *Il est mort.* L'alliance subsiste tant que les deux partenaires sont en vie mais lorsque Jésus est mort sur la croix l'alliance a pris fin.

L'essence de l'ancienne alliance, en un mot, était la suivante : « Vous faites ce que je dis, vous observez la loi de Moïse et les dix commandements, et je vous bénirai. » C'est pourquoi, lorsque nous vivons notre christianisme à partir de l'Arbre de la Connaissance du Bien et du Mal, nous vivons toujours comme si nous étions sous l'ancienne alliance. Nous vivons toujours dans un accord conditionnel. La bénédiction n'est garantie que si nous faisons ce qu'il faut. J'ai observé cette citation de Josué sur les murs de nombreux foyers chrétiens : « Choisissez aujourd'hui qui vous voulez servir. Quant à moi et à ma maison, nous servirons le Seigneur. » En d'autres termes, « si vous choisissez de faire ce qui est juste, je vous bénirai ». Cet état d'esprit est celui de l'Ancien Testament. Ce n'est *pas* la nouvelle alliance.

L'essence de la nouvelle alliance est la suivante : Je mettrai mon Esprit en vous et JE FERAI EN SORTE que vous marchiez dans mes voies. C'est un contraste direct avec l'ancienne alliance, qui dit : « Voici mes voies – Suivez-les ! » L'accord de l'ancienne alliance *vous* met dans l'obligation de le faire ! Les premiers versets de Romains 7 précisent que l'ancienne alliance est désormais révolue parce que Jésus est mort sur la croix. Lorsqu'il est mort sur la croix, une autre chose extraordinaire s'est produite – *tu* es mort toi aussi ! Nous sommes *tous* morts avec lui ! De même, lorsqu'il est ressuscité des morts, toute la création a été atteinte parce que toute la création subsiste en lui (Col 1:17). Toute la création est unie en Christ. Alors, quand Jésus est mort sur la croix, qu'est-il arrivé à la substance qui la maintient ? Elle est morte. Lorsqu'il est ressuscité, que s'est-il passé ? Tout est ressuscité avec lui.

L'Ancienne Alliance est terminée

Cependant concentrons-nous sur ce qui suit. Lorsque Jésus est mort, le mariage de l'Ancienne Alliance a pris fin. Il est intéressant de voir l'ampleur de cette réalité dans l'histoire. Très peu de temps après la mort de Jésus, Jérusalem a été saccagée par les Romains et le temple a été rasé. Le sacerdoce lévitique a cessé de fonctionner et les descendants de David n'ont plus été retrouvés. Cette époque, celle de l'Ancienne Alliance, était bel et bien révolue. Je n'ai pas l'intention d'entrer dans un débat sur le peuple juif mais je sais ceci : lorsqu'il reconnaîtra Jésus comme Messie, le salut lui sera ouvert comme à nous. Sans le Christ, il n'y a d'espoir ni pour les Juifs ni pour les Gentils. Il n'y a de salut pour tous les êtres humains qu'en Lui et l'Écriture le dit très clairement.

Paul dit clairement que l'accord que Dieu avait conclu avec Israël – l'Ancienne Alliance – est terminé. L'obligation de respecter la Loi pour bénéficier de la protection, de la provision et de la faveur n'est plus valable. Lorsque Jésus est mort sur la croix, cet accord contraignant a été rompu. Cependant, il est important de reconnaître que la Loi a toujours de la valeur parce qu'elle est éternelle. La Loi est éternelle mais l'alliance qui nous lie à elle est temporaire. Le verset 4 résume la situation :

C'est pourquoi, mes frères, vous aussi vous êtes morts à la loi par le Corps de Christ, afin d'être mariés à un autre, à celui qui est ressuscité d'entre les morts, pour que nous portions des fruits pour Dieu.[9]

---

9. Ndlr : Traduction de la bible « New King James Version » citée dans le texte.

En d'autres termes, par la mort de Jésus sur la croix, nous sommes morts à la Loi. Nous sommes morts à cette alliance de mariage afin de pouvoir être mariés à celui qui est ressuscité d'entre les morts. Les mêmes parties sont impliquées – Dieu et l'humanité – mais cette fois-ci l'alliance est une *nouvelle* alliance. Le seul moyen pour lui de réaliser cela passait par la mort et la résurrection.

Je voudrais maintenant prendre le temps d'examiner quelques points de ce chapitre parce qu'il parle de deux lois différentes qui sont à l'œuvre. Ces deux lois sont la loi de Moïse (ou vous pourriez l'appeler la loi de Dieu) et la loi du péché qui est à l'œuvre dans nos corps mortels.

L'alliance est terminée mais la loi subsiste. Maintenant que l'Ancienne Alliance est terminée, l'observation de la loi ne fait plus aucune différence dans la relation avec Dieu. Il n'y a plus de garantie de bénédiction dans l'observation de la Loi mais la Loi elle-même est éternelle. Jésus lui-même l'a déclaré dans Matthieu 5:18 :

> *Car, je vous le dis en vérité, tant que le ciel et la terre ne passeront point, il ne disparaîtra pas de la loi un seul iota ou un seul trait de lettre, jusqu'à ce que tout soit arrivé.*

Cela est vrai, *mais* l'alliance qui liait les deux parties *à* la loi a été rompue.

Paul dans Romains 7:7 dit :

> *Que dirons-nous donc ? La loi est-elle péché ? Loin de là !*

Voyez-vous, la loi *en elle-même* n'est pas mauvaise. C'est une bonne chose. Romains 7:12 dit même que la Loi « ... est sainte, et le commandement saint, juste et bon ! » Et au verset 14, il est dit que la Loi « est spirituelle ! »

Ce qu'il faut retenir c'est qu'il n'y a rien d'intrinsèquement mauvais dans la Loi.

LA LOI DE DIEU

Pourquoi donc Dieu a-t-il donné la Loi ? Quel est le but de la Loi ? Lorsque la Loi a été donnée, l'humanité avait complètement perdu le contact avec Dieu. Des générations s'étaient écoulées depuis que le premier homme et la première femme avaient quitté le jardin d'Eden. L'humanité n'avait plus la moindre capacité de comprendre Dieu, sa nature et ses voies. Il est évident que les gens voyaient Dieu comme étant tout-puissant et dirigeant l'univers, mais au-delà de cela, à quoi ressemblait-il réellement ? Il n'y avait aucun moyen de le savoir *avant* qu'Il ne donne la Loi. De temps à autre, Dieu communiquait avec des individus tels qu'Hénoch, Noé et Abraham, mais l'humanité dans son ensemble ignorait totalement comment Dieu était réellement. En donnant la Loi, Dieu donnait en fait une sorte de description de son caractère. Les dix commandements ont été donnés pour aider l'humanité à comprendre quelque chose de la nature de Dieu. La Loi n'a jamais été donnée principalement comme une liste d'injonctions auxquelles il fallait obéir. L'obéissance à la Loi est l'interprétation minimale de celle-ci, mais il fallait que Dieu donne quelque chose pour que l'humanité comprenne sa nature.

Il y a quelques années j'ai beaucoup médité sur la formulation des dix commandements – « Tu ne tueras pas. Tu ne voleras pas. Tu ne mentiras pas, etc. » J'étais en train de faire l'expérience de l'amour du Père pour moi et je touchais du doigt la qualité de son amour. Une lecture superficielle des Dix Commandements ne semblait pas correspondre à ma révélation de l'amour de Dieu. Le ton sévère de « Tu ne voleras pas ! » me paraissait bien trop prescriptif. Il était question d'exigence et de comportement !

D'une certaine manière, cela ne me semblait pas juste. L'amour du Père commençait à occuper une place prépondérante dans ma vision globale de ce que signifie être chrétien. Des années auparavant, le Seigneur m'avait dit : « James, je veux que tu regardes tout ce que tu as enseigné. Je veux que tu le regardes à nouveau à la lumière de l'amour du Père. » Comment regarder les dix commandements à la lumière de l'amour du Père ? Je commençais à être interpellé à ce sujet et certaines choses naissaient dans ma pensée sans que je ne puisse les valider.

Peu de temps après, nous étions à une réunion en Hollande. Il y avait là un homme d'origine juive. Il était spécialiste du Nouveau Testament et s'attachait particulièrement à comprendre le paradigme culturel juif de l'époque de Jésus. Par exemple, comment un juif entendrait-il certaines des choses que Jésus a dites, par rapport à la façon dont nous les entendons aujourd'hui ? Je discutais avec cet homme et je lui ai dit : « J'aimerais vous faire part de certaines de mes réflexions sur les dix commandements. J'ai un point de vue particulier sur les Dix Commandements, mais pouvez-vous me dire franchement si je suis complètement à côté de la plaque ? Ai-je totalement tort ? »

Il m'a regardé et j'ai continué : « Il me semble que lorsque Dieu dit : 'Tu ne voleras pas', il dit en réalité : 'Il n'y a rien en moi qui puisse voler quelqu'un, alors si tu veux être comme moi, ne vole pas non plus'. Il parle en fait de lui-même. Et quand il dit 'Tu ne tueras point', il veut dire 'Il n'y a rien en moi qui puisse blesser le moindre cheveu d'une personne. Il n'y a rien en moi qui permette de commettre un meurtre et, si vous voulez marcher avec moi, ne commettez pas de meurtre non plus' ». J'étais un peu inquiet en disant cela à un érudit juif aussi réputé.

Il m'a regardé droit dans les yeux et m'a dit : « James, tu as tout à fait raison ! » Cela m'a fait plaisir – j'aime avoir raison ! Il m'a dit qu'en hébreu il n'était pas possible de faire de déclarations purement conceptuelles. Le paradigme hébreu ne traite pas de simples concepts. Tout est enraciné dans la vie et dans les relations. Ces commandements sont avant tout relationnels. Ainsi, lorsque Dieu dit « Tu ne tueras point », il ne peut se contenter d'une simple interdiction. Il doit parler de relations.

Les dix commandements étaient un moyen pour nous, êtres humains déchus, de commencer à saisir ce qu'est la personnalité de Dieu. Il ne vole pas. Il ne commet pas de meurtre. Il sait où est l'honneur. Il nous demande d'honorer ce qui est juste. Il nous demande de l'adorer de tout notre cœur, de toute notre pensée, de toute notre âme et de toute notre force, parce que c'est la réalité suprême. Dieu est plus grand que nous – il est insensé de ne pas lui consacrer toute notre vie ! Tout au long de ces dix commandements (appelés « les dix paroles » dans l'hébreu original), il décrit sa propre personnalité. Lorsque nous prenons du recul (et nous le faisons) sur les dix commandements, nous voyons une perspective de la personnalité de Dieu qu'une personne charnelle et non régénérée peut comprendre. C'est là tout l'intérêt !

Mais c'est là que le bât blesse ! Même si vous observez la Loi, votre justice *ne suffit pas* ! Pourquoi ? Parce que ce n'est pas la justice que Dieu recherche. Selon Jésus dans Matthieu 5:20, la justice qu'il recherche doit *dépasser* celle des scribes et des pharisiens. Je me souviens d'avoir lu cela il y a des années et d'avoir pensé – *comment est-ce possible ?* Je ne pourrai jamais dire comme Paul (Phil 3:6) que je suis face aux exigences de la Loi, irréprochable[10]. L'auto-évaluation de Paul était qu'il n'avait jamais enfreint la loi de Dieu. Je savais que j'étais loin d'avoir atteint le niveau de justice de Paul avant même d'avoir atteint mon dixième anniversaire ! J'avais tout gâché depuis longtemps ! Il devait y avoir une réalité plus grande que celle-là.

La Loi est spirituelle, sainte et bonne parce qu'elle décrit quelque chose de la personnalité de Dieu. En ce sens, elle sera toujours vraie et ne passera jamais.

La Loi du Péché

Dans Romains 7, il est également question d'une autre loi. Au verset 14 et suivants, Paul dit :

> *Nous savons, en effet, que la loi est spirituelle : mais moi, je suis charnel, vendu au péché. Car je ne sais pas ce que je fais : je ne fais point ce que je veux, et je fais ce que je hais. Or, si je fais ce que je ne veux pas, je reconnais par-là que la loi est bonne.*

En d'autres termes, « lorsque je lis la loi, je reconnais qu'elle est bonne, mais je ne parviens pas à faire ce qui est juste et bon. Je peux réussir pendant un jour ou deux, peut-être même une semaine ou deux, mais je finis par me faire avoir. Je ne peux pas m'y tenir ! » En disant cela, Paul admet qu'une lutte plus profonde se déroule en lui. Comme il le dit lui-même « je suis charnel – vendu au péché ». Il reconnaît (v. 16) que la loi est bonne. Mais il concède ensuite qu'il ne peut pas la respecter. En son for intérieur, il désire la respecter mais le péché qui habite en lui ne cesse de l'enfreindre. Il poursuit au

---

10. Ndlr : Traduction choisie dans la Bible Du Semeur (BDS).

verset 17 : « *maintenant ce n'est plus moi qui le fais, mais c'est le péché qui habite en moi.* »

Pour insister sur ce point, Paul répète cette même déclaration au verset 20 : « *Et si je fais ce que je ne veux pas, ce n'est plus moi qui le fais, c'est le péché qui habite en moi.* » C'est une déclaration merveilleuse ! Elle est merveilleuse parce qu'elle nous libère de la culpabilité. Ce n'est pas moi qui ne peux pas garder la loi de Dieu, c'est le péché qui habite en moi. Quand Adam et Ève ont péché, nous étions tous en eux et nous avons péché aussi. Parfois, nous pensons à Adam et Ève dans le jardin et nous souhaitons qu'ils ne l'aient pas fait. Il m'est arrivé de penser que, s'ils n'avaient pas fait ce qu'ils ont fait, je serais libre. La vérité, cependant, c'est que nous serions tombés dans le même piège qu'eux. Nous aurions tous péché. Toute la race humaine est devenue pécheresse lorsqu'Adam et Ève sont tombés. Il y a en nous un penchant qui nous pousse continuellement à pécher. C'est ce que Paul appelle, dans Romains 7:23, « la loi du péché, qui est dans mes membres ».

Il y a une loi, ou un principe, dans les membres de votre corps, une tendance irréversible dans votre humanité qui vous entraînera continuellement dans le péché. Elle est *en* vous. Certains théologiens ont dit que l'on ne devient pas pécheur tant que l'on ne *commet* pas de péché. En d'autres termes, on ne *naît* pas pécheur. Ils affirment que lorsque vous atteignez « l'âge de la responsabilité », vous êtes alors responsable de vos décisions. Après cet âge, que l'on estime être autour de douze ans, lorsque vous décidez de commettre un péché vous devenez pécheur – mais pas avant. Il s'agit là d'un point de vue particulier défendu par un grand nombre de personnes. Cette croyance pose toutefois un problème. Si c'était vrai, il y aurait eu au moins une personne (à part Jésus, bien sûr) dans l'histoire de l'humanité qui aurait choisi de ne *pas* pécher. Or, parmi les milliards d'êtres humains qui ont vécu sur cette planète, aucun n'a fait le choix de ne pas pécher. Si le péché est une question de choix, après « l'âge de la responsabilité », comment se fait-il que tout le monde sans exception ait choisi de pécher ? Parce que dans notre nature humaine, il y a un biais qui, lorsqu'il est livré à lui-même, *ne peut que* pécher.

C'est la loi du péché.

Ces deux lois sont clairement définies dans ce septième chapitre de l'épître aux Romains. Il y a la loi de Dieu que l'on pourrait appeler la loi de Moïse ou les dix commandements. Elle est bonne et nous savons et admettons tous qu'elle est bonne. Il y a quelque chose en nous qui aime cette loi. Il y a quelque chose en nous qui exige que tous les autres la respectent. Même les pires criminels du monde ne veulent pas que vous les voliez. Ils pensent que le vol est répréhensible lorsqu'*ils* en sont les victimes. Ils voleront volontiers les autres, mais quoi que vous fassiez, ne les volez pas ! La grande majorité des criminels s'attendent à une certaine forme d'équité. Même la personne qui assassine veut être aimée. En général, un meurtrier ne veut pas être assassiné. Il y a quelque chose au fond de nous qui adhère à la norme de la Loi même lorsque nous la violons. C'est donc la première loi. Elle est bonne et sainte et personne ne conteste qu'elle est absolument juste. Dans notre esprit, nous aimons la loi mais, dans notre chair, nous ne pouvons pas la respecter. La deuxième loi est celle qui se trouve à l'intérieur de nos membres et qui ne peut s'empêcher de pécher.

J'ai lu ce chapitre (Romains 7) à maintes reprises pendant des années et j'étais tout à fait d'accord avec Paul lorsqu'il dit (au verset 24) : « Misérable que je suis ! Qui me délivrera de ce corps de mort ? » En d'autres termes, « je suis continuellement condamné à faire de mauvaises choses par la Loi parce que, dans ma chair, je ne cesse d'enfreindre la Loi. Que ce soit dans mes pensées ou dans mes actes, je ne peux pas m'empêcher de pécher. Même en tant que chrétien, je continue de marcher sur la voie du péché ». Nous nous trouvons tous dans la même situation. Il a fallu un échec majeur dans ma vie pour que je me rende compte que, pendant toutes les années où j'avais essayé de vivre une bonne vie chrétienne en m'efforçant de me discipliner, de ne pas pécher et de faire le bien, au fond je n'avais pas vraiment changé. Je me suis rendu compte qu'au fond je ne pouvais pas devenir quelqu'un de meilleur. J'étais toujours un pécheur et mon comportement bien discipliné n'était qu'un mince vernis.

C'est l'une des raisons pour lesquelles je suis tellement opposé à l'idée de mettre les pasteurs, les enseignants et les dirigeants sur des piédestaux. Lorsque nous avons des attentes irréalistes à leur égard, nous les plaçons dans une situation où ils n'ont pas d'autre choix que de cacher le fait que la « chair » continue d'œuvrer encore en eux. Si nous les élevons à un niveau où la perfection est la norme pour être un leader chrétien, nous ne faisons que les préparer à une chute inévitable, en les incitant à cacher leurs défauts derrière un masque d'excellence et de réussite ! Paul avait appris à se vanter de ses faiblesses et de ses défauts afin que la puissance du Seigneur soit avec lui.

Lorsque nous vivons à partir de l'Arbre de la Connaissance du Bien et du Mal, nous pensons que la bénédiction de Dieu est directement liée au bon comportement et que le mauvais comportement est puni. Ceux qui s'abstiennent de faire les mauvaises choses et qui atteignent le bien sont ceux que Dieu utilisera le plus. Nous préparons les gens à être très seuls dans le ministère et à lutter contre des tentations qui sont trop fortes pour eux. Je le sais par mes expériences passées.

Le verset 22 dit : « Car je prends plaisir à la loi de Dieu, selon l'homme intérieur ». Dans ce contexte, Paul utilise le terme « l'homme intérieur » pour se référer à *son intelligence*. Dans ce chapitre, « l'homme intérieur » et « la pensée ou l'intelligence »[11] sont utilisés de manière interchangeable, car il s'agit de la même chose. Paul dit qu'il se réjouit de la Loi et qu'il l'aime, mais qu'il voit une autre loi « ... je vois bien qu'une autre loi est à l'œuvre dans mon corps : elle combat la Loi qu'approuve ma raison et elle fait de moi le prisonnier de la loi du péché qui agit dans mes membres[12] ». Vous pouvez voir ici le contraste entre ces deux lois. Cette autre loi dans les membres de Paul agit contre la loi de son entendement et le rend captif de la loi du péché dans ses membres. En d'autres termes, dans son corps physique. Il ne parle pas ici des « membres de l'Église », mais de son propre corps, de ses appétits et de ses actions. En raison de notre nature déchue, la loi du péché se trouve dans les membres physiques de notre corps.

Il s'écrie alors (v24) : « Misérable que je suis ! Qui me délivrera de ce corps de mort ? » Comment puis-je échapper à ce piège ? Le péché est dans mon corps et je ne peux pas le vaincre ! J'aime la loi de Dieu et je suis tout à fait d'accord avec elle ! Elle est merveilleuse – mais je ne peux pas la respecter ! C'est le grand dilemme. De plus, Jésus a aggravé la situation en disant : « Tu n'as peut-être pas commis d'adultère physique mais, si tu as regardé quelqu'un avec convoitise dans ton cœur, c'est la même chose ! » Jésus a dit que si vous êtes en colère contre quelqu'un, cela fait de vous un meurtrier ! Cela rend la Loi impossible à respecter.

Paul s'est débattu avec ce terrible dilemme. Il a dit qu'il ne savait

---

11. Ndlr : Ce mot pourrait être traduit suivant les versions par « entendement » ou « raison »

12. Ndlr : Traduction de la Bible Du Semeur (BDS)

pas ce qu'était le péché jusqu'à ce que la Loi vienne. Mais lorsque la Loi est venue (v9), « le péché a repris vie et moi je suis mort[13] ». Il a été totalement convaincu par la loi du péché qu'il commettait. C'est là le piège. Croire en ce qui est juste et bon, saint et spirituel, mais découvrir que le principe du péché opérant dans nos membres le rend juste impossible à respecter. Le point de référence fixé par la loi est impossible à atteindre. C'est l'une des raisons pour lesquelles les chrétiens finissent par s'asseoir sur un banc pendant la plus grande partie de leur vie – soit par désespoir, soit en espérant simplement pouvoir entrer au paradis. Ils sont pris dans un piège dont ils ne peuvent s'échapper. Ils ne croient pas pouvoir servir le Seigneur parce qu'ils sont trop impies. La loi (l'Arbre de la Connaissance du Bien et du Mal) ne cesse de les condamner et ils vivent une existence sans espoir et sans joie. Ils ne conduisent personne d'autre au Seigneur parce qu'ils ne veulent pas les entraîner dans le même piège. Je peux tout à fait comprendre cette façon de penser. Je me suis également senti pris au piège ! Je me sentais comme un misérable incapable d'échapper aux griffes du corps de mort.

La Troisième Loi

C'est ainsi que Paul pousse ce cri triste et puissant auquel beaucoup d'entre nous s'identifient pleinement :

« Misérable que je suis ! Qui me délivrera de ce corps de mort ? »

J'ai moi aussi crié ces mots, de différentes manières et à maintes reprises !

Puis Paul fait cette déclaration, qui m'a toujours laissé dans un

---

13. Ndlr : Traduction de la Bible Du Semeur (BDS)

sentiment de frustration et d'insatisfaction encore plus grand. Il dit simplement : « Grâces soient rendues à Dieu par Jésus-Christ notre Seigneur ! », et il semble passer à autre chose.

Ma réponse à cela était : « Quoi ? Ai-je manqué quelque chose ? Où est la délivrance du piège qui consiste à vouloir observer la loi sans pouvoir résister au péché ? » Comment cette phrase – Grâces soient rendues à Dieu par Jésus-Christ notre Seigneur – ouvre-t-elle les mâchoires du piège et me libère-t-elle ? Je suis chrétien depuis des années. Jésus-Christ est mon Sauveur et mon Seigneur mais je suis *toujours pris au piège*. J'ai beau essayer, je ne vois pas de réponse dans tout cela.

L'un des problèmes de la bible est que le texte original a été divisé en chapitres et en versets. Ceux-ci ont été ajoutés au cours du Moyen Âge mais nous lisons la bible comme s'ils faisaient partie du texte original. Le discours de Paul au chapitre 7 ne s'arrête pas à la fin de ce chapitre. Il se poursuit tout au long du chapitre. Lorsqu'il dit « grâces soient rendues à Dieu par Jésus-Christ notre Seigneur » et qu'il poursuit « ...ainsi donc », j'ai pensé que la réponse *devait* se trouver dans cette déclaration. Elle devait l'être parce qu'après il semble passer à autre chose.

Rappelez-moi encore une fois – comment a-t-il été libéré ? J'ai dû manquer quelque chose. « Par Jésus-Christ notre Seigneur ? » Cette réponse me semblait trop simpliste. Je me suis dit : « Paul, tu dois faire mieux que *cela*. Cette réponse est insuffisante pour moi. Il va falloir que tu la développes. » Et c'est ce qu'il fait, mais quelques lignes plus loin, au début du chapitre 8. Le chapitre 7 se termine en décrivant les deux lois : « ... je suis par l'entendement esclave de la loi de Dieu, et je suis par la chair esclave de la loi du péché ».

Chapitre Trois

Alors, comment s'est-il libéré ? Au fur et à mesure que la révélation s'imposait à moi, je me suis soudain rendu compte : IL Y A UNE TROISIÈME LOI. Cette troisième loi est la loi de l'esprit de vie !

Au chapitre 8:1, il dit,

> *« Il n'y a donc maintenant aucune condamnation pour ceux qui sont en Jésus-Christ. En effet, la loi de l'esprit de vie en Jésus-Christ m'a affranchi de la loi du péché et de la mort. »*

Il y a trois lois ! La troisième loi, qui est la clé de tout, est la loi de l'esprit de vie en Jésus-Christ. C'est la loi qui permet de sortir de l'esclavage d'être pris entre les deux lois que j'ai mentionnées plus haut. Cette troisième loi dépasse totalement la loi de Moïse et la loi du péché qui s'oppose l'une à l'autre.

Comment fonctionne cette troisième loi ? Comment la loi de l'esprit de vie en Jésus-Christ opère-t-elle réellement dans nos vies ? Lorsque j'ai essayé de le comprendre pour la première fois, j'ai pensé qu'il s'agissait d'être rempli du Saint-Esprit, qu'il – l'Esprit de Dieu – nous donnerait le pouvoir et la capacité de garder la loi de Dieu. J'ai supposé que le Saint-Esprit me donnerait le pouvoir de faire ce que Dieu demande. En d'autres termes, si vous n'êtes pas rempli du Saint-Esprit, vous ne pouvez pas le faire mais, si vous *êtes rempli* du Saint-Esprit, vous avez le pouvoir de respecter les dix commandements. C'est ce que je croyais. Le problème, cependant, c'est que cela ne fonctionnait pas vraiment.

Ma question est devenue la suivante – comment le parler en langues peut-il vaincre la loi du péché qui est dans ma chair ? Comment cela m'empêche-t-il d'être tenté ? Comment le fait de manifester les dons spirituels permet-il de lutter contre le péché ? En quoi prier pour les malades, chasser les démons ou même ressusciter les morts vous aide-t-il à résister aux tentations dans votre propre cœur ? Qu'en est-il de la prédication sous l'onction ou de l'adoration en esprit et en vérité ? Est-ce cela qui a donné à Paul la victoire sur le péché et le pouvoir de respecter les dix commandements ?

J'ai été rempli du Saint-Esprit quelques mois après être devenu chrétien. C'était il y a plus de quarante ans – mais j'ai quand même constaté que je péchais ! J'avais fait l'expérience de l'action du Saint-Esprit dans ma vie mais ma chair était toujours sujette à la tentation. C'est pourquoi il est ridicule de penser qu'une expérience et un style de vie charismatiques suffisent pour faire face à la loi du péché et accomplir la loi de Dieu. C'est pourquoi même des leaders très oints tombent encore dans l'immoralité du péché. Cette idée s'est avérée inapplicable. Il est évident que la chair fait toujours autorité. L'expérience de l'action du Saint-Esprit ne pouvait pas être la troisième loi qui permet de vaincre la tentation et le péché.

Alors quelle est donc cette « troisième loi » ? La voici ! « En effet, la loi de l'esprit de vie en Jésus-Christ m'a affranchi de la loi du péché et de la mort ». Qu'est-ce que la loi de l'esprit de vie ? Nous ne pouvions pas le comprendre jusqu'à ce que Jack Winter ait cette révélation révolutionnaire de ce que l'amour du Père *pouvait être transmis*. Lorsque nous avons réalisé que l'amour du Père pouvait être transmis, cela nous a entraîné vers une réalité plus profonde : L'AMOUR EST SUBSTANCE. L'amour est « quelque chose » !

Nous qui sommes dans cette révélation et qui exerçons notre ministère dans ce cadre, nous devons continuellement nous rappeler qu'il ne s'agit *pas* d'un *message* que nous prêchons. C'est une *révélation* de l'amour que nous *transmettons*. Si nous la réduisons à un simple message, ce n'est que de la connaissance. Mais l'amour, c'est de la « matière » – c'est une substance réelle.

Comprenez bien qu'il ne s'agit pas ici d'une simple question de sémantique. L'amour du Père n'est pas un message conceptuel – c'est une substance réelle.

L'amour du Père est une révélation. C'est une expérience de la substance de l'amour de Dieu déversé dans votre cœur. Il ne s'agit pas seulement de comprendre qu'Il m'aime. Il s'agit de recevoir la substance de son amour.

LE BAPTÊME DE L'ESPRIT

Lorsque Paul parle de la loi de l'esprit au chapitre 8, il fait suite à sa précédente mention du Saint-Esprit. Il ne mentionne le Saint-Esprit qu'*une seule fois* avant le chapitre 8, en Romains 5:5. Ainsi, lorsque nous parlons de la loi de l'esprit, elle est exprimée dans Romains 5:5. Ce verset dit : « Or, l'espérance ne trompe point, parce que l'amour de Dieu est répandu dans nos cœurs par le Saint-Esprit… » Lorsque nous recevons le Saint-Esprit, nous nous concentrons souvent sur quelque chose comme le parler en langues. Lorsque nous sommes remplis du Saint-Esprit, nous recevons une puissance pour accomplir des actes spirituels comme Jésus l'a fait, tels que ressusciter les morts, guérir les malades, prophétiser, chasser les démons et avoir une foi surnaturelle. Nous avons compris que la plénitude de l'Esprit nous donne la capacité d'exercer un ministère comme Jésus l'a fait.

Mais lorsque j'ai lu ce verset dans Romains 5:5, cela m'a ramené au jour où j'ai été rempli du Saint-Esprit. À vrai dire, je ne voulais pas vraiment devenir chrétien. Comme je le comprenais alors, tout ce que je voulais vraiment c'était d'être rempli du Saint-Esprit. Ils m'ont dit que je ne pouvais pas être rempli du Saint-Esprit si je ne devenais pas d'abord chrétien. Cela me posait un vrai problème, car devenir chrétien signifiait que je devais donner ma vie à quelqu'un d'autre qui serait le Seigneur de ma vie. Le problème, c'est que je voulais vraiment garder le contrôle. Ma vie n'était pas extraordinaire, mais au moins elle m'appartenait et la confier à quelqu'un d'autre me faisait peur. C'est pourquoi il m'a fallu beaucoup de temps pour remettre ma vie au Seigneur – pour qu'il fasse ce qu'il voulait pour le reste de ma vie.

Malgré cette appréhension, mon désir le plus ardent était d'être baptisé du Saint-Esprit. Finalement, après un processus d'environ huit mois, je suis arrivé au point où j'étais prêt à donner ma vie au Seigneur et je l'ai fait dans la voiture alors que je rentrais chez moi tard un soir. Lorsque je me suis réveillé le lendemain matin, je suis sorti. Le ciel est devenu bleu et l'herbe verte comme je ne l'avais jamais vu auparavant. En l'espace d'un instant, le paysage s'est complètement transformé. J'avais passé une grande partie de ma vie à l'extérieur, mais je me tenais dans ce champ, émerveillé par la clarté stupéfiante de l'herbe sous mes pieds et du ciel au-dessus de moi. J'ai ressenti un sentiment incroyable à l'intérieur de moi. Je savais que Jésus était entré dans mon cœur. Je savais sans l'ombre d'un doute qu'à partir de ce moment-là tout irait bien. Je savais que tout ne serait plus jamais comme avant, malgré les moments difficiles qui viendraient inévitablement. Cela a été une expérience majeure pour moi et j'ai su que la prochaine chose à faire était d'être baptisé du Saint-Esprit.

Cela a été un autre long processus pour moi. De nombreuses personnes ont prié pour moi à maintes reprises afin que je parvienne à une foi engagée pour recevoir l'Esprit. C'est une chose de demander et de croire. Mais c'est une chose totalement différente de demander et de s'engager dans ce que l'on croit. C'est une chose de demander à Dieu de vous donner le baptême du Saint-Esprit, c'en est une autre de s'engager dans cette demande.

Un soir, devant mon père et ma mère, le Saint-Esprit m'a frappé. Lorsque cela s'est produit, mon père a été tellement stupéfait qu'il s'est effondré sur le canapé. Ses mains étaient baissées le long de son corps, ses jambes étaient droites devant lui, les orteils pointés vers le plafond. Il regardait ses pieds d'un air totalement abasourdi parce que j'avais soudain débité des langues à pleins poumons. C'était si fort que les gens qui marchaient dans la rue ont dû m'entendre. Je me suis retrouvé à genoux sur le sol, les larmes coulant sur mon visage. Je pleurais si abondamment que la moquette était trempée de mes larmes. J'adorais, bruyamment, dans une cascade de langues – un langage surnaturel qui sortait de ma bouche. Lorsqu'il en a été témoin, mon père s'est effondré sur le canapé, en état de choc et de stupéfaction.

D'OÙ VIENT TOUT CET AMOUR ?

Au milieu de cette explosion, j'ai regardé mon père à l'autre bout de la pièce et j'ai remarqué que ses lèvres bougeaient. Il essayait de dire quelque chose. Je me suis approché et j'ai mis mon oreille près de sa bouche. Il était tellement abasourdi que je ne suis pas sûr qu'il ait même su qu'il était en train d'essayer de parler. Je pouvais entendre ce qu'il disait. Mon père répétait sans cesse ces mots : « D'où vient tout cet amour ? D'où vient tout cet amour ? D'où vient tout cet amour ? »

Quand je suis sorti de la pièce, j'étais ravi de pouvoir parler en langues. Je ne pensais pas à l'amour. Je n'attendais pas l'amour. Je ne croyais pas à l'amour. Personne ne m'avait jamais parlé de l'expérience de *l'amour de Dieu* déversé dans notre cœur par le Saint-Esprit. Je pensais que le Saint-Esprit ne servait qu'à m'aider à parler en langues, à me donner une onction et des dons surnaturels. Je pensais que le baptême du Saint-Esprit me donnerait ce regard profond et saint. Je pensais qu'il s'agissait d'un pouvoir. Je ne l'ai jamais associé à l'amour.

Lorsque Paul écrit son épître aux Romains, il essaie de donner un résumé de l'Évangile complet à des gens qu'il n'a jamais rencontrés. Dans les huit premiers chapitres, il couvre l'ensemble de l'histoire de la rédemption – Adam, le déluge, Abraham, Israël, la repentance, le baptême d'eau et bien d'autres choses encore. Le seul endroit où il mentionne le Saint-Esprit dans ces huit premiers chapitres est le chapitre 5:5. Et ce qui se produira (selon Paul dans ce passage de Romains) lorsque vous serez rempli du Saint-Esprit, c'est que l'amour de Dieu sera déversé dans votre cœur. Il ne mentionne pas les langues ni aucun autre don surnaturel. Il parle de l'amour de Dieu répandu dans votre cœur. Tout ce que nous pouvons recevoir d'autre est le résultat de cet amour répandu en nous par le Saint-Esprit.

Et maintenant, dans la même lettre, trois chapitres plus loin, il parle de la « loi » de l'Esprit. Il fait le lien entre ces deux choses. Le premier résultat de la plénitude de l'Esprit Saint est un déversement de l'amour de Dieu dans le cœur, et *c'est aussi* ce dont il parle dans Romains 8. La loi de l'Esprit n'est autre que l'amour de Dieu déversé dans votre cœur. Ce qui va vous libérer de la loi du péché et de la mort, *c'est* l'amour du Père qui se déverse dans votre cœur. Lorsque son amour est déversé dans votre cœur, cela *vous libère* de la puissance de votre chair qui désire toujours pécher.

Lorsque nous lisons la loi de Moïse, nous regardons vers Dieu pour voir quelle est sa nature. Mais laissez-moi vous poser cette

Chapitre Trois

question : Dieu respecte-t-il les dix commandements par choix ? Se réveille-t-il chaque matin en décidant de ne pas pécher ? Non ! Il garde les commandements *automatiquement*.

Vous voyez, les dix commandements sont donnés comme une description de sa nature et de sa personnalité. Dieu ne respecte pas la loi en adhérant à une exigence ou à un principe quelconque. Les commandements ont pour but d'aider l'humanité déchue qui a complètement perdu le contact avec qui Il est. Galates 3:24 décrit la Loi comme « un pédagogue » pour nous amener à Christ. Vous n'étiez pas censés la garder. Vous êtes censés la regarder et réaliser qu'il vous est impossible de la respecter. Et, en la regardant, vous vous écriez : « Mon Dieu, aide-moi ! »

La loi vous dit que vous ne pouvez pas le faire. Elle suscite le brisement et l'humilité. Sachant que vous avez péché et enfreint la loi, vous vous repentez et demandez le pardon de Dieu. C'était le but de l'instauration de la loi. Lorsque nous regardons la loi, nous regardons une description de la personnalité de Dieu. L'illusion majeure a été d'essayer de garder la Loi.

Mais laissez-moi être très clair : ce que Dieu a fait en déversant son Esprit en nous, c'est qu'il a déversé la substance de son amour en nous. Son amour est sa personnalité. Dieu est amour. Toutes les autres facettes de sa personnalité sont le fruit de l'amour. Dieu est bon, Dieu est gentil, il est patient, il est rempli de compassion, il est le Dieu qui bénit. Tout ce que nous lisons à son sujet est une expression de l'amour parce que Dieu est amour. Il possède naturellement tous ces attributs. Il est amour. L'amour est sa personnalité.

Dans la nouvelle alliance, au lieu de nous donner un commandement, il a mis sa personnalité en nous. Voilà ce qu'il faut retenir – même si nous ne savions pas ce que dit la loi, lorsque son amour est déversé dans nos cœurs, nous la respecterons quand même ! Il a respecté la loi bien avant de l'écrire ! Elle fait partie de sa personnalité. Et, par le Saint-Esprit, il déverse sa nature, sa personnalité, en nous ! Pierre le savait lorsqu'il a écrit dans 2 Pierre 1:4 :

> *« lesquelles nous assurent de sa part les plus grandes et les plus précieuses promesses, afin que par elles vous deveniez participants de la nature divine »*

C'est la loi de l'Esprit au sujet de laquelle Paul s'exclame : « Grâces soient rendues à Dieu, par Jésus-Christ notre Seigneur. » C'est pourquoi il n'y a pas de condamnation pour ceux qui sont en Jésus-Christ. « Marcher selon l'Esprit », c'est être rempli chaque jour de l'amour de Dieu. Lorsque Paul exhorte les croyants dans Éphésiens 5:18 à être remplis de l'Esprit, le grec original donne le sens clair d'être continuellement rempli. Il faut lire quelque chose comme : « Soyez remplis et continuez à être remplis du Saint-Esprit ». En d'autres termes, continuez à recevoir son amour pour vous ! Continuez à le laisser vous aimer. Continuez à faire l'expérience du déversement de l'amour du Père dans votre cœur. Continuez à vivre dans l'amour de Dieu à chaque minute de chaque jour.

La substance de son amour est sa personnalité. La loi est toujours là, elle est toujours juste. Mais lorsque nous sommes remplis de la personnalité même de Dieu – qui est amour – nous contournons la loi et nous faisons plus que l'accomplir parce que la loi est totalement accomplie par l'amour. La Loi ne passera pas, mais Dieu nous a fait passer d'une justice conforme à la Loi à une justice conforme à son propre cœur et à sa propre personnalité.

Je vois enfin ceci – savoir qu'il vous aime ne vous délivrera pas. Savoir qu'il vous aime ne vous délivrera pas de votre nature charnelle. L'amour *lui-même* – la substance qu'il déverse dans votre cœur – vous élèvera *au-dessus* de la loi. A partir de sa propre nature d'amour, Dieu a formulé une loi de comportements que l'amour produit automatiquement. Lorsque vous êtes rempli de ce même amour, vous vous comportez *automatiquement* comme Lui ! C'est ce dont parle Ézéchiel 36:27 lorsqu'il dit : « Je mettrai mon esprit en vous, et je *ferai en sorte* que vous suiviez mes ordonnances. » Lorsque vous êtes remplis de l'amour de Dieu, vous aimez *automatiquement* votre prochain. Lorsque vous êtes remplis de l'amour de Dieu, il vous est impossible de mentir, de voler ou de commettre un meurtre. Vous *honorez* votre mère et votre père. Lorsque vous êtes remplis de l'amour de Dieu, vous ne pouvez pas résister à l'envie de l'aimer de tout votre cœur, de toute votre pensée, de toute votre âme et de toute votre force. Vous vivez comme Dieu vit.

L'AMOUR NE PEUT PAS PÉCHER

Considérons les exemples suivants extraits des écrits de Paul. Ces passages parlent d'eux-mêmes.

Tout d'abord, dans Galates 5:14 :

> *Car toute la loi est accomplie dans une seule parole, dans celle-ci : Tu aimeras ton prochain comme toi-même.*

Ensuite, dans Romains 13:8-10 :

> *Ne devez rien à personne, si ce n'est de vous aimer les uns les autres ; car celui qui aime les autres a accompli la loi. En effet, les commandements : Tu ne commettras point*

d'adultère, tu ne tueras point, tu ne déroberas point, tu ne convoiteras point, et ceux qu'il peut encore y avoir, se résument dans cette parole : Tu aimeras ton prochain comme toi-même. L'amour ne fait point de mal au prochain : l'amour est donc l'accomplissement de la loi.

N'est-ce pas merveilleux ? Il ne s'agit pas de l'amour humain, d'être gentil avec les gens en fonction de notre propre compréhension et de nos capacités. Il s'agit d'être rempli de l'amour *de Dieu* et d'aimer avec l'amour *de Dieu*. C'est pourquoi il est si important d'être rempli de la substance de Dieu le Père qui nous aime continuellement. La réalité de son amour déversé dans votre cœur vous délivrera du péché – parce que *l'amour ne peut pas pécher* !

Dieu est amour et Dieu ne peut pas pécher. L'amour humain *peut* pécher parce qu'il peut être extrêmement égocentrique. L'amour de Dieu, en revanche, ne peut pas pécher. La substance de son amour versée dans votre cœur changera votre personnalité en la personnalité même de Dieu. Telle est la loi de l'Esprit ! Elle ramène le christianisme à deux choses simples – être lavé dans le sang de Jésus et être rempli de l'amour de Dieu. C'est tout ce qu'il y a à faire ! Lorsque nous sommes remplis de l'amour de Dieu, nous ne pouvons pas pécher, tout comme Dieu ne peut pas pécher. Nous avons totalement manqué l'objectif du christianisme lorsque nous le réduisons à des questions de bien et de mal.

J'ai l'impression d'avoir découvert ce qu'est l'Évangile. J'ai vu de nombreuses expressions du christianisme contemporain au cours de mes voyages effectués ces seize dernières années. Ayant voyagé quarante fois autour du monde, j'en conclus que le point central du christianisme tel que nous le connaissons aujourd'hui est l'Arbre de la Connaissance du Bien et du Mal. Or le véritable christianisme, tel que Dieu le conçoit, consiste à se nourrir de l'Arbre de Vie, qui est la nature et la personnalité de Dieu lui-même.

Si vous lisez ceci et pensez que je suis en train de dire que vous avez vraiment besoin de croire que Dieu vous aime, vous passez à côté de l'essentiel. Si vous pensez « je dois savoir que Dieu m'aime », vous passez à côté de l'essentiel. Vous devez faire *l'expérience* qu'il vous aime car lorsque cette substance se répand dans votre cœur, vous êtes libre.

Pendant de nombreuses années, je n'ai pu que constater qu'il existait deux lois différentes : la loi de Dieu, qui est bonne et vraie, et la loi du péché dans ma chair. Comme Paul, j'étais pris dans la lutte entre ces deux lois. Pendant des années, je n'ai pas vu la troisième loi – la loi de l'Esprit de vie en Jésus-Christ. Maintenant que j'ai découvert la *troisième* loi, j'ai l'impression d'avoir bouclé la boucle dans mon désir d'être rempli du Saint-Esprit.

Lorsque j'ai rencontré Jack Winter pour la première fois et qu'il m'a parlé de recevoir l'amour du Père comme une réalité personnelle, ma réaction a été la suivante : « Le christianisme n'est pas une question d'amour. Il s'agit de puissance et de tout ce qui est associé à cette puissance. » Je pensais que Jack n'avait pas compris et qu'il insistait trop sur l'importance de recevoir l'amour du Père. Mon problème était que Dieu m'avait clairement demandé d'être un « Josué » pour Jack. Je savais sans l'ombre d'un doute que c'était le Seigneur et j'ai donc mis de côté beaucoup de mes opinions sur la vie chrétienne pour avancer et être un « Josué » pour Jack Winter. J'ai toujours eu du mal avec le concept d'amour. Pour moi, le christianisme, c'était tout *sauf* l'amour.

Enfin, après quarante ans de vie chrétienne et beaucoup de

révélations dans le ministère, j'ai bouclé la boucle et je suis revenu au baptême du Saint-Esprit. Le baptême, ou être immergé, du Saint-Esprit est l'amour du Père qui se déverse dans nos cœurs. Nous attendons avec impatience le moment où Dieu va déverser son Esprit sur l'Église. Ce sera une révélation de la substance de son amour dans le cœur de tous les croyants.

Tel est l'Évangile. La bonne nouvelle n'est *pas* que vous devez le faire ; la bonne nouvelle est que Dieu le fait pour vous. Lorsque l'amour du Père remplit votre cœur, vous ne pouvez même pas penser à juger quelqu'un. Vous n'avez pas de pensée négative à l'égard de votre prochain. L'Écriture dit, dans 1 Pierre 4:8, que l'amour « couvre une multitude de fautes ». En d'autres termes, l'amour voit l'autre tel que Dieu l'a créé. Dieu vous regarde avec un amour absolu et *l'amour ne peut pas pécher.*

L'astuce, c'est de se remplir de la substance de son amour. Au sein de 'Fatherheart Ministries'[14], la porte d'entrée pour y parvenir se trouve dans nos 'School A'[15]. Ces écoles ont pour but d'ouvrir la porte pour que les gens fassent l'expérience de l'amour de Dieu le Père ; ce que nous croyons être l'accomplissement de l'Évangile. Nous croyons que l'Évangile doit s'incarner dans le cœur de chaque croyant. Nous ne croyons en rien de moins que la nature de Dieu exprimée en nous et en vous. Si cela vous dépasse ou si vous ne comprenez pas, attendez. L'amour du Père *remplira* les cœurs des chrétiens du monde entier et les fils de Dieu iront dans toutes les nations du monde. Ils seront remplis de la nature même du Père, transformeront la chrétienté et apporteront la fin de cette ère.

---

14. Ndlr : Association internationale que l'on peut traduire comme 'Ministères de l'amour du Père'

15. Ndlr : En anglais les « School A », que l'on pourrait traduire « Ecole A » en français

Chapitre Trois

Je souhaite utiliser les chapitres restants pour explorer les implications de ce changement de perspective. Je peux vous garantir que, lorsque vous commencerez à faire l'expérience de l'amour du Père, lorsque les yeux de votre cœur redeviendront opérationnels et lorsque vous commencerez à vous nourrir de l'Arbre de Vie, vous remarquerez une différence dans votre vie de tous les jours. Le fruit de l'Esprit de Vie commencera à se manifester en vous et autour de vous. En recevant l'amour du Père, le christianisme travaillera pour vous et produira du fruit en vous, d'une manière qui vous surprendra.

DEUXIÈME PARTIE

CHAPITRE QUATRE

Passer d'un Christianisme Orphelin au Christianisme de Fils

∼

Plus vous avez de révélations, plus votre perspective change. Alors que nous vivons de plus en plus l'expérience continue de l'amour de Dieu pour nous et que nous nous nourrissons de l'Arbre de Vie, nos yeux commencent à s'ouvrir à la réalité de l'Évangile. L'objectif du christianisme se résume essentiellement à ceci : Jésus est mort sur la croix pour nous débarrasser de tout ce qui nous empêche d'entrer dans une vie d'intimité avec le Père. Le but du christianisme est que nous puissions faire l'expérience de la vie éternelle dont Jésus parle dans Jean 17 : « … te connaître toi, le seul vrai Dieu, et celui que tu as envoyé, Jésus-Christ. » Beaucoup de gens pensent à la vie éternelle en termes de temps linéaire qui s'étend à l'infini. Or la vie éternelle est une qualité d'existence. C'est une substance, la substance qui fait que Dieu est vivant.

Nous n'avons qu'une compréhension très limitée de certaines des grandes vérités dont parlent les Écritures. Nous avons réduit le Saint-Esprit à notre propre expérience des phénomènes charismatiques. Nous sommes tellement enfermés dans nos vieux paradigmes que, lorsque nous entendons les mots « Esprit de Dieu », nous ne pouvons pas nous détacher de notre propre vision étriquée de qui il est et de ce qu'il fait. La vérité est la suivante : le Saint-Esprit est l'essence et la personnalité de Dieu lui-même !

Parfois, nous avons besoin d'une terminologie différente pour nous éveiller à la véritable signification de qui est le Saint-Esprit. Imaginez, par exemple, que vous receviez l'esprit d'un chêne. Qu'est-ce que vous ressentiriez ? Tout d'abord, avoir l'esprit d'un grand chêne impliquerait de rester immobile pendant très longtemps, peut-être des milliers d'années. Imaginez que vous restiez debout pendant plusieurs siècles, saison après saison, que les feuilles tombent, que de nouveaux glands poussent... voilà ce que vous pourriez ressentir en recevant l'esprit d'un chêne. Ou imaginez recevoir l'esprit d'un grand compositeur. Quelque chose de l'essence même de Mozart, par exemple, est en vous. Vous allez donc agir différemment. Prenez un moment et essayez d'imaginer ce que cela pourrait être. Vous n'aurez pas besoin d'essayer d'agir différemment. Ce sera naturel, comme tout arbre produit des fruits. Un chêne produit naturellement des glands. Mozart a composé de la musique naturellement. Lorsque nous recevons l'esprit d'une autre personne à l'intérieur de nous, nous constatons que nous commençons naturellement à nous sentir et à nous comporter comme la personne dont l'esprit est issu.

L'esprit d'une personne est l'essence profonde de sa personnalité. Imaginez maintenant, si vous le pouvez, ce qui se passerait si l'esprit de Dieu était mis en vous. Si son esprit, le Saint-Esprit, est mis en vous, cela signifie que sa nature et sa personnalité vous sont transmises, et pas seulement la capacité de parler en langues, de chasser les démons ou de prononcer une parole de prophétie. L'Esprit de Dieu est en vous pour bien plus que cela. Vous pourriez voir des plumes blanches flotter du plafond ou avoir de la poussière d'or sur la main, comme certains en font l'expérience de nos jours. Mais laissez-moi être très clair – ce n'est *pas* l'essence de l'Esprit de Dieu. C'est peut-être une preuve mais ce n'est pas l'essence. L'essence de l'Esprit de Dieu est la nature même et la personnalité de Dieu lui-même. C'est *son* esprit. Par conséquent, lorsque nous parlons de se nourrir de l'Arbre de Vie, nous parlons d'être imprégnés de l'Esprit de Dieu. Le Saint-Esprit est également appelé « l'Esprit de vie » (Rom 8:2). De quelle vie s'agit-il ? *Rien de moins que la vie de Dieu.* L'esprit de la nature de Dieu et de la vie de Dieu. Lorsque cet esprit est mis en vous, il apporte la nature même de Dieu en vous. Lorsque l'esprit de Dieu entre en vous, la première chose qui se produit est que l'amour vient. L'amour est maintenant disponible parce que la nature de Dieu est l'amour et qu'il veut vous transmettre cet amour. Lorsque sa nature d'amour est mise en nous, les fruits que l'amour produit deviennent aussi notre personnalité.

L'apôtre Paul l'a compris. Il parle du Saint-Esprit dans Romains 5:5 et dit que la fonction principale du Saint-Esprit est de « répandre l'amour de Dieu dans nos cœurs ». C'est la seule mention du Saint-Esprit dans le livre des Romains avant le chapitre 8. L'amour de Dieu répandu dans nos cœurs est une conséquence directe de la présence du Saint-Esprit. Je commence tout juste à comprendre cette connexion. Lorsque je suis devenu chrétien, on m'a dit que le Saint-Esprit était uniquement synonyme de puissance. Maintenant, je vois qu'il s'agit uniquement d'amour. Lorsque nous parlons de l'Arbre de Vie, nous parlons de nous nourrir de Dieu lui-même, de nous nourrir de la nature de Dieu exprimée et répandue dans nos cœurs et nos êtres. Nous commençons à faire l'expérience de cet amour. Nous commençons à être enracinés et fondés dans le déversement de son amour dans nos cœurs. Et au fur et à mesure que cela se produit, il transforme tout ce que nous avons considéré être une expérience du christianisme.

L'un des paradigmes fondamentaux que nous avons appris à comprendre est celui de « l'esprit orphelin ». J'ai écrit un chapitre entier à ce sujet dans mon livre « Sonship »[16]. Pour faire simple, lorsque Adam et Ève ont été chassés du jardin, ils sont devenus orphelins de père. En eux, toute la race humaine s'est retrouvée coupée de la relation avec Dieu le Père et, par conséquent elle est devenue orpheline de père. La race humaine a été infectée par le syndrome de l'orphelin. C'est aujourd'hui encore la condition de base de l'humanité. La prédisposition du cœur humain est basée sur celle d'un orphelin. Peu importe que vos parents aient été mauvais, médiocres ou irréprochables. Même s'il ne fait aucun doute que l'éducation parentale a un effet significatif sur le bien-être de chaque personne. Mais je parle d'une réalité bien plus profonde que cela. Je parle de la race humaine en général. Même ceux qui ont une relation merveilleuse et aimante avec leurs parents restent orphelins de celui qui est leur *véritable* Père. Le système mondial dans son ensemble est un système orphelin. Toutes les cultures et institutions du monde sont fondamentalement motivées par le syndrome de l'orphelin – la peur, l'avidité, l'insécurité, l'instinct de conservation.

Cette condition d'orphelin a également contaminé la vie de l'église. En vérité, on peut naître de nouveau, mais cela n'enlève pas le fait d'être orphelin. On peut être baptisé, rempli de l'Esprit, et même oint dans un service du ministère, mais toujours avoir un cœur d'orphelin. On ne peut pas chasser cette condition d'orphelin du cœur humain. Le syndrome de l'orphelin n'est pas un démon ; c'est l'état fondamental du cœur humain. C'est l'esprit qui agit dans les fils de la désobéissance (Eph 2:2). Cet état d'orphelin est si profondément enraciné en nous que, lorsque nous devenons chrétiens,

---

16. Ndlr : Le livre « Sonship » disponible en français a été traduit par « Un Cœur De Fils »

nous commençons à développer un style de christianisme orphelin.

La seule solution pour un christianisme orphelin est de rencontrer l'amour paternel et maternel de Dieu. L'intimité d'un Père qui nous aime brisera notre christianisme orphelin. Lorsque vous ferez l'expérience de l'amour du Père, vous commencerez à voir des changements se produire dans votre vie. Certains changements peuvent être spectaculaires, d'autres plus subtils, mais vous commencerez à faire l'expérience d'un changement de valeurs et de motivations dans votre cœur. Souvent, cela vous prendra par surprise. Vous ne saurez pas pourquoi certaines de vos valeurs et certains de vos principes les plus profonds sont en train de changer. Vous commencerez à perdre la motivation pour certaines des choses que vous avez faites pendant des années en tant que chrétien engagé. Il se peut que vous commenciez à penser : « Qu'est-ce qui ne va pas chez moi ? Je perds le plaisir de pratiquer certaines activités que j'ai pratiquées pendant des années. Je n'ai plus la même motivation qu'avant ».

Lorsque l'amour du Père vous touche, vous avez le sentiment qu'il prend totalement plaisir en vous. Vous n'avez plus besoin de devoir plaire aux gens. Beaucoup de gens sont épuisés parce qu'ils se sentent obligés de servir constamment, mais lorsqu'ils reçoivent l'amour inconditionnel du Père, ils deviennent libres. Souvent, cela cause un problème dans l'église dans laquelle ils sont impliqués. J'ai visité des églises et parlé de l'amour du Père. Les gens s'en sont vraiment emparés et ont commencé à marcher dans une vie de fils. Par la suite, des pasteurs se sont plaints que des membres de leur congrégation ne voulaient plus servir. Je suis allé dans une église à trois reprises pour exercer mon ministère, puis je n'ai plus entendu parler du pasteur pendant les trois années suivantes. Un jour, je me suis retrouvé assis à la même table que lui lors d'un repas à l'occasion d'une conférence et il m'a expliqué pourquoi on ne m'avait pas réinvité. « La raison pour laquelle je ne vous ai pas réinvité », a-t-il dit, « c'est que, lorsque vous êtes parti la dernière fois, beaucoup de nos bénévoles sont venus nous voir pour nous dire qu'ils n'allaient plus le faire. Il me semble que l'un des résultats de votre ministère est que les gens deviennent paresseux».

J'ai trouvé cela intéressant et j'ai répondu : « Regardez ce que j'enseigne et ce que je fais, car j'enseigne de parvenir à un lieu de repos. C'est l'une des choses qui commencent à se produire lorsque vous faites l'expérience de l'amour du Père pour vous. » Se reposer dans Son amour devient une priorité majeure. Tout ce qui est question d'efforts commence à disparaître. Vous commencez à ne plus vouloir de cela dans votre vie. J'ai dit que cela m'était réellement arrivé. L'effort a disparu, et pourtant je suis l'orateur itinérant le plus occupé que je connaisse. Les autres ministères itinérants me disent tous : « James, même la lecture de ton itinéraire m'épuise ! » Donc, il ne s'agit pas de paresse, mais d'entrer dans le repos de Dieu. En fait, au travers de cela, notre productivité s'accroît.

J'ai alors demandé au pasteur : « Pourquoi les volontaires ont-ils démissionné ? » Il a répondu : « Ils ne voulaient plus faire le travail », ce à quoi j'ai rétorqué : « Pourquoi leur avez-vous fait faire des choses qu'ils ne voulaient pas faire ? » Il était très offensé. Car beaucoup de principes dans le christianisme peuvent imposer un sentiment d'obligation de devoir faire quelque chose dans l'église. Nous nous sentons obligés de faire tourner la machine. Je ne crois pas que Dieu veuille que vous fassiez quoi que ce soit pour lui qui ne soit pas l'expression de votre amour pour lui. Je crois qu'il veut que nous le servions par amour et que ce que nous faisons soit notre façon de lui montrer notre amour. Si quelqu'un fait quelque chose pour vous en tant que membre de la famille parce qu'il pense qu'il est censé le faire, c'est peut-être bien, mais ce n'est pas vraiment ce que vous voulez. Vous voulez qu'il le fasse parce qu'il vous aime. Vous voulez que votre fille vous aide à passer l'aspirateur parce qu'elle vous aime. Vous voulez que votre fils lave la vaisselle parce qu'il vous aime. Je crois que c'est à l'image du royaume de Dieu. Beaucoup de choses que nous avons faites dans l'église pour servir la cause et construire quelque chose pour Dieu ne sont pas faites du tout par amour. Elles sont simplement un moyen de nous occuper.

Un dicton dit qu'une église occupée est une église heureuse. Je peux vous dire comment cela fonctionne. Une église occupée est une église heureuse pendant un certain temps ! Toutefois, le jour arrive (d'après mon expérience) après quinze à dix-huit années de service acharné, où une personne commence à évaluer sa vie et pense : « Je fais beaucoup de choses que je n'ai pas envie de faire ». Elle est prise dans un engrenage dont elle n'arrive pas à sortir. Soudain, elle se rend compte que ce n'est pas vraiment dans son cœur de faire ce qu'elle fait. Mais si une personne en liberté a vraiment à cœur de faire quelque chose, elle le fera probablement pour le reste de sa vie. Son travail la fera s'épanouir et elle portera des fruits durables.

L'amour du Père produit la libération du cœur. Habituellement, lorsqu'une personne découvre, après de nombreuses années à œuvrer par sacrifice pour la vision d'un pasteur, qu'elle l'a fait par sens du devoir, par obligation ou même (dans certains cas) par manipulation dans le cadre de principes qui peuvent paraître très spirituels, cette personne quitte tout simplement l'église.

Je voudrais maintenant souligner quelques-uns des changements majeurs qui se produisent lorsque l'amour du Père remplit votre vie. Lorsque votre esprit commencera à marcher avec Lui en tant que fils ou fille, vous commencerez à voir ces changements et vous réaliserez que « C'est exactement ce qui m'arrive ! »

DE L'OBÉISSANCE DES SERVITEURS À L'HARMONIE DES FILS

L'un de ces changements est évidemment la façon dont nous voyons Dieu le Père. Pour la plupart d'entre nous, notre seule expérience du christianisme a été un christianisme à *l'esprit orphelin*. Cela signifie un christianisme qui n'a pas une connaissance expérimentale de l'amour du Père. Ce christianisme a une relation très réelle avec Jésus en tant que Seigneur, Roi et Époux. Ces relations peuvent être très, très fortes, bien sûr, mais c'est seulement le Père qui peut enlever le cœur d'orphelin en nous. Un frère ne peut pas faire cela. Un frère signifie simplement que nous sommes orphelins ensemble, mais c'est la révélation d'un Père qui enlève l'esprit d'orphelin.

Parfois, les gens me disent : « Je connais vraiment le Père, je l'ai rencontré et j'en ai fait l'expérience », mais je les regarde simplement dans les yeux et je vois qu'ils n'ont en fait qu'une connaissance théologique du Père. Le célèbre enseignant de la bible Derek Prince a raconté comment il pouvait prêcher des messages sur le Père, croyant qu'il avait une relation avec le Père à cause de cela et parce qu'il connaissait les Écritures. Vers la fin de sa vie, cependant, il s'est rendu compte qu'il fallait entrer dans une relation d'expériences avec le Père, et que cette relation avec le Père supprime ce qui est de l'orphelin. Cette relation commence à vous faire entrer dans une toute nouvelle expérience du christianisme.

D'une manière générale, Dieu le Père a été une personne distante pour nous. Nous avons eu une révélation de Jésus au moment du salut et une révélation du Saint-Esprit lors du baptême de l'Esprit. C'est le tabouret à deux pieds sur lequel repose notre christianisme.

Passer d'un Christianisme
Orphelin au Christianisme de Fils

Mais, sans une révélation du Père dans votre cœur, le Père restera une entité inconnue. Pour nous, il est une personne lointaine et nous le traitons comme tel. La dure vérité est que vous ne pouvez pas vraiment sortir du christianisme vécu avec cœur de serviteur tant que vous n'avez pas fait l'expérience du Père. Vivre l'expérience de ce type de relation avec le Père vous fait passer du statut de serviteur à celui de fils.

Avant de recevoir une révélation du cœur du Père, c'est comme si le Père lui-même était un maître, un commandant et un juge. Par conséquent, notre christianisme est axé sur l'obéissance aux commandements. Notre christianisme consistera principalement à entendre la voix de Dieu et à faire tout ce qu'il dit. Jésus est celui avec lequel nous sommes en relation mais le Père reste inconnu. Le Père est une personne lointaine et inconnue, une personne que nous ne connaissons que de manière conceptuelle. Nous pouvons même être capables d'entendre sa voix si nous apprenons à le faire mais il s'agit d'une relation distante avec Lui qui commande et nous qui devons obéir. Toute notre vie spirituelle sera axée sur le fait d'entendre ses ordres et leur obéir. L'obéissance est la question centrale du christianisme à l'esprit orphelin !

Cependant, lorsque nous faisons l'expérience de Lui en tant que Père, quelque chose change. Au lieu d'obéir, nous nous efforçons d'être en harmonie avec le Père. On ne peut pas être en harmonie avec quelqu'un que l'on ne connaît pas, mais quand on apprend à le connaître, il y a un changement qui s'opère en nous. Il n'est plus si important d'entendre ses commandements pour vous ; ce qui compte, c'est qu'il soit comblé de vous et que vous soyez comblé de son amour. La peur et l'obligation disparaissent. Nous commençons à perdre cette forte dominance de faire sa volonté par commandement pour faire sa volonté par amour. Nous sentons ce qu'il aime et nous voulons le faire. Un fils vivant en harmonie avec son Père.

Permettez-moi de faire une déclaration qui va vous choquer !
L'obéissance n'est pas vraiment la finalité pour un chrétien. Cela peut vous choquer, mais le fait est : Dieu ne veut pas vraiment que vous marchiez dans l'obéissance toute votre vie. Pourquoi est-ce que je dis cela ?

L'obéissance n'est pas absolue ; l'obéissance n'est que relative. L'obéissance n'a de sens que lorsque vous ne voulez pas faire ce qu'on vous a dit ou demandé de faire. Lorsque quelqu'un vous dit de faire quelque chose que vous ne voulez pas faire, l'obéissance entre en jeu. Si je vous dis « Je veux que tu te tiennes sur la tête pendant une heure » et que vous n'aimez pas faire cela, ce serait un acte d'obéissance si vous le faisiez. Ce serait uniquement de l'obéissance parce qu'il n'y aurait rien à en tirer pour vous. Vous le feriez uniquement par obéissance. Mais si je vous disais : « Allez au glacier, achetez-vous une glace et mangez-la », c'est une autre histoire. Aucune obéissance n'est requise. Vous aimeriez bien aller au magasin, acheter une glace et la manger. L'obéissance n'a sa place que lorsque vous ne voulez pas faire ce qui est demandé.

Lorsque nous rencontrons le Seigneur pour la première fois, notre vie est tellement éloignée de ce que Dieu veut pour nous. Nous sommes tellement imprégnés des voies du monde que lorsque nous sommes confrontés à l'exigence de Dieu pour notre vie, notre première pensée est : « Oh, je n'ai jamais envisagé cela. Pour moi, faire cela signifie que je dois arrêter de faire ceci. D'accord, j'ai le choix et par obéissance, je vais le faire ». Mais au fur et à mesure que le temps passe et que nous entrons en communion avec le Père, ce qui se passe, c'est que son cœur devient notre cœur et nous ne faisons plus ce qu'il veut par obéissance, mais nous commençons à

Passer d'un Christianisme Orphelin au Christianisme de Fils

le faire parce que nous aimons le faire ! Plutôt que de faire quelque chose par obéissance, je le fais parce que j'y prends plaisir.

Il nous conduit dans un endroit où nous prenons plaisir à faire tout ce qu'il nous demande. Jésus a dit : « *J'ai à manger une nourriture que vous ne connaissez pas.... Ma nourriture est de faire la volonté de celui qui m'a envoyé, et d'accomplir son œuvre.* » (Jean 4:31-34). Jésus prenait plaisir à faire la volonté de son Père. Cela le nourrissait et le fortifiait comme la nourriture le fait pour le corps naturel. Tant qu'il y a une part d'orphelin ou une part de la chute dans nos vies, l'obéissance reste un défi pour nous. Certaines parties de nous ne veulent pas faire ce que Dieu nous a demandé de faire dans certains domaines, en particulier lorsque nous brisons l'emprise du péché et de la chair. L'obéissance a sa place, mais ce qu'il recherche en fin de compte, ce n'est pas que nous soyons obéissants pour l'éternité ou même dans cette vie, mais que notre cœur soit transformé pour ressembler à son cœur. Maintenant, j'aime vraiment faire ce qu'il aime faire et il s'agit pour moi d'agir en harmonie avec lui, plutôt que de lui obéir.

Ce plaisir de plaire au Père ne peut venir que d'un fils, car seul un fils peut ressembler à son père. Lorsque nous entrons dans cette vie de fils, quelque chose commence à changer en nous et la vie n'est plus une question d'obéissance. Il s'agit d'être en harmonie avec Lui.

Au lieu de mettre de côté des moments de prière, je constate que mon cœur est constamment en communion avec Lui. Lorsque j'étais un jeune chrétien, quelqu'un m'a dit : « Maintenant que tu es chrétien, tu dois avoir un temps de calme chaque jour ». Ce qui est triste dans cette exhortation, c'est que jusqu'à ce moment-là, j'avais prié presque toute la journée. Ainsi, lorsque cette personne m'a dit que je devais réserver un temps spécifique pour prier chaque jour, plus tard dans la matinée je me suis dit : « Oh, je n'ai pas encore prié ! » J'ai commencé à me préoccuper d'être discipliné par rapport à la prière et j'ai perdu le cœur pour la prière qui était déjà en moi. Les personnes qui me posaient le plus de problèmes étaient celles qui disaient que John Wesley prêchait son premier sermon de la journée à 5 heures du matin et que nous devions donc nous lever aussi tôt pour prier. Ce qu'ils ne savaient pas, c'est qu'il se couchait tous les soirs à 8 heures ! Ces gens m'ont vraiment enlevé ma joie et ma liberté de nouveau croyant en m'imposant un système.

Lorsque vous commencez à grandir dans la relation de fils, au lieu d'avoir un temps calme chaque jour et des temps de prière systématiques, vous développez un *cœur* de prière. La vérité, c'est que Dieu n'est pas vraiment à la recherche de simples temps de prière. S'il recherchait des temps de dévotion calmes, si c'était vraiment le summum de la spiritualité, alors il serait tout à fait impossible d'obéir à l'Écriture qui dit « priez sans cesse ». Cette exhortation ne parle pas de moments de prière ; elle signifie avoir un cœur qui est en sa présence tout le temps. Il s'agit d'avoir un cœur qui est conscient de lui, un cœur qui est en prière de manière constante, d'une façon plus continue. En apprenant à connaître le Père, vous vous apercevez que vous pensez au Père et que votre cœur se rapproche de Lui. Vous développez un cœur de prière. Une femme m'a dit : « Je n'ai pas envie de maintenir mon programme de temps de silence. Je n'en ai plus envie. Je perds la discipline que j'avais autrefois. » Elle s'en inquiétait et je lui ai répondu : « Peut-être êtes-vous en train de vous libérer des lois ». Elle se libérait d'un système de dévotion pour que son cœur soit toujours à l'écoute de Dieu.

En faisant l'expérience de l'amour du Père pour moi, j'ai découvert quelque chose d'extraordinaire à propos de Dieu : Dieu aime développer une relation avec nous complètement unique et liée

Passer d'un Christianisme Orphelin au Christianisme de Fils

à notre individualité. Il veut entrer en relation avec vous selon votre propre personnalité. Dans le christianisme à l'esprit orphelin, il y a toujours une pression pour avoir le même type de relation avec Dieu que certains des grands leaders de l'Église ou des anciens héros de la foi. Beaucoup de jeunes font des stages pour essayer d'atteindre le modèle de la spiritualité de quelqu'un d'autre. J'ai découvert que Dieu s'adresse à moi comme à un chasseur des collines de Nouvelle-Zélande. Je ne suis pas un bavard comme certains. Nous passons des journées entières ensemble dans les collines sans dire un mot, juste en haussant un sourcil ou en échangeant un regard complice. Dieu s'adresse à vous jusque dans les moindres détails de votre humanité. Je suis devenu très à l'aise dans la présence du Seigneur et il communique avec moi en fonction de qui je suis.

SATAN EST L'INTRUS DANS CE MONDE – PAS NOUS !

Une autre différence intéressante entre un christianisme au cœur d'orphelin et la vie de fils est la suivante : beaucoup de gens considèrent, et les chrétiens (en particulier), qu'ils ont un ennemi qui est un problème majeur pour nous et que nous devons donc être sur nos gardes en permanence. Leur raisonnement est le suivant : « *Nous vivons dans un environnement hostile ; il y a une guerre à gagner, une bataille à livrer et nous devons vaincre Satan. Nous devons le chasser ; nous avons une bataille à remporter. Nous sommes des soldats de l'armée et nous avons un combat devant nous, et nous sommes engagés dans cette très importante bataille !* »

Beaucoup de gens ont cette approche, si bien que le combat spirituel devient un sujet sur lequel on passe beaucoup de temps à apprendre. Il existe une abondance d'enseignements et de ressources chrétiennes axées sur le combat spirituel. Ce que nous oublions toujours, c'est que la bataille est terminée ! Nous ne sommes pas seulement des vainqueurs, nous sommes *plus* que vainqueurs. Nous ne vivons pas sur un champ de bataille, nous vivons dans l'amour de notre Père et c'est Satan qui est l'intrus, pas nous ! L'intrusion signifie que l'on se trouve à un endroit où l'on n'a pas le droit d'être. La vérité, c'est que nous avons tous les droits d'être sur cette terre. Ce monde appartient à notre Père et nous y sommes chez nous.

Je parlais un jour à un pasteur des voyages dans le cadre du ministère et il m'a demandé si j'étais déjà allé à Amsterdam. J'ai répondu : « Oui, je suis allé à Amsterdam ». Il m'a dit : « Oh, je déteste cet endroit ! C'est une ville tellement diabolique. C'est l'endroit le plus démoniaque au monde ! » Il a poursuivi : « Chaque fois que je dois atterrir à Amsterdam ou que je dois passer par cette ville pour une raison ou une autre, je n'ai qu'une hâte c'est d'en sortir ! La ville est tellement diabolique ! » Je me disais : « *j'y suis allé plusieurs fois et l'ai bien aimé. Denise et moi nous sommes promenés dans différents quartiers de la ville, nous avons fait des promenades en bateau sur les canaux. Je l'aime bien* », alors je lui ai demandé ce qu'il voulait dire quand il disait qu'il détestait cette ville. Il m'a répondu : « Il y a des toxicomanes dans toutes les ruelles, de la drogue dans les magasins, des prostituées dans les vitrines. C'est démoniaque. Certaines boutiques sont pleines de démons ! » Je me suis dit : « *j'ai peut-être été un peu insensible, mais je suis entré dans de nombreux magasins et je n'y ai jamais vu de démons !* »

Quand j'y suis retourné, j'ai repensé à ses commentaires et j'ai cherché à quoi il faisait allusion. Au bout d'un moment, j'ai vu un homme assis dans une ruelle. Il ne m'était jamais venu à l'esprit qu'il pouvait s'agir d'un toxicomane. Je suis entré dans quelques magasins et j'ai remarqué des choses sur les étagères que je n'avais pas remarquées auparavant et j'ai pensé : « *Ce sont des choses bizarres à voir* », puis j'ai remarqué que l'on pouvait acheter de la marijuana sur l'étagère du magasin. Je ne suis pas naïf. Je sais qu'il y a des prostituées dans les vitrines de certains endroits mais je n'en ai pas remarqué. La réalité que je vis est la suivante : « ... Celui qui est en moi est plus grand que celui qui est dans le monde ».

Nous n'avons pas à craindre l'ennemi. Notre place est de marcher étroitement avec Dieu et Dieu lui-même s'occupe de ces choses si nous restons près de lui. Cependant, si vous croyez que vous êtes *tout juste* capable de vaincre les démons, vous allez avoir des accrochages intéressants parce que, par votre doute, vous leur donnez de la force.

Mais lorsque vous pouvez croire que la bataille est *déjà* gagnée et que vous êtes plus que vainqueur par celui qui vous aime, alors vous avez la liberté d'un vainqueur. Où que vous alliez, vous vous rendez en procession triomphale, portant dans votre cœur la position victorieuse du Seigneur. 1 Jean 4:17 dit : « Tel il est, tels nous sommes aussi dans ce monde ». Satan n'est pas notre ennemi – nous sommes *son* ennemi !

Je me souviens d'un homme qui m'a dit un jour : « Si tu sens le diable t'attaquer, c'est que ta justice l'opprime vraiment et qu'il se défend. » Ce n'est pas qu'il soit à l'origine de l'attaque, mais la justice de Christ qui est en vous l'accule et il se défend. Un animal sauvage pris au piège se montrera agressif parce qu'il est sur la défensive et qu'il se bat pour survivre. C'est ainsi qu'est Satan. Notre position en tant que fils est que ce monde est le monde de notre *Père*. Nous sommes censés être ici, Satan non !

Il y a quelques années, j'ai pris la parole dans une petite église en Pologne. C'était la première fois que je venais en Pologne et j'ai été invité à parler à une assemblée de quelques centaines de personnes. La pasteure était une femme, ce qui est un peu inhabituel en

Chapitre Quatre

Pologne. C'est un pays très catholique qui prône un type de direction ecclésiastique exclusivement masculin. La pasteure devait s'occuper de certaines choses et j'étais donc seul à attendre le début de l'office. C'est alors que j'ai remarqué, à travers la foule une femme d'un certain âge qui venait droit sur moi. Comme tout le monde elle portait un manteau épais car il n'y avait pas de chauffage dans la salle. Elle s'est frayée un chemin parmi les gens, les yeux fixés sur moi. Je l'ai regardée en me demandant ce qui allait se passer. Elle s'est approchée de moi, m'a frappé sur l'épaule et a proclamé : « Je ne t'aime pas ! » C'était pour le moins surprenant. Je savais que ce n'était pas moi qu'elle n'aimait pas parce qu'elle m'était étrangère et que, de toute manière, je suis très aimable ! Je savais qu'il devait s'agir d'autre chose. Je lui ai demandé : « Pourquoi ? Quel est le problème ? » Elle m'a répondu : « C'est mon église, je suis venue ici toute ma vie. Vous n'êtes là que depuis cinq minutes et vous avez l'air plus à l'aise ici que je ne l'ai jamais été ! » Elle était offensée.

Je ne savais pas trop quoi répondre, mais je lui ai dit : « Eh bien, c'est la maison de mon Père ». En réalité, la Pologne *est* le pays de mon Père. Il lui appartient. En fait, tous les pays appartiennent à mon Père. Ne vous laissez pas emporter par le patriotisme. Les plus grandes nations de l'histoire du monde ne sont qu'un grain de poussière dans l'éternité. Nous faisons partie du royaume de Dieu, mais *ce monde* appartient à notre Père. Dans le passé, j'ai toujours cherché ma place. Maintenant, j'ai ma place partout parce que tout appartient à mon Père et que partout où je suis, je suis chez moi. C'est le monde de notre Père. C'est Satan qui n'est pas à sa place. Nous ne devons jamais nous laisser aller à croire qu'il a du pouvoir sur nous ou qu'il a un droit quelconque dans notre vie.

Smith Wigglesworth fut l'un des plus grands hommes du siècle dernier. Il a été puissamment utilisé avec signes et prodiges et il a eu une relation très intime avec le Seigneur. Une nuit, il s'est réveillé et a trouvé Satan au pied de son lit. Il ne s'agissait pas d'un démon, mais de Satan lui-même ! Je suppose qu'un homme dans sa position à l'époque méritait l'attention directe de Satan. Il s'est réveillé, a levé les yeux et a vu Satan. Qu'a-t-il fait ? Il a dit : « Oh, ce n'est que toi ! », il s'est retourné et s'est rendormi, laissant Satan là. Il n'a pas ressenti le besoin de le réprimander, de le chasser ou quoi que ce soit d'autre. Il a simplement dit : « Ce n'est que toi ! » La meilleure façon de toucher quelqu'un est de l'ignorer.

Nous nous tenons dans la victoire que le Christ a remportée pour nous sur la croix. Si nous croyons que nous sommes continuellement couverts par le sang de Jésus, il n'est pas nécessaire de toujours proclamer que nous sommes couverts par lui ! Il suffit de le croire et de le vivre ! Le besoin de continuer à le proclamer ne fait que révéler votre doute. Notre foi est la victoire qui a vaincu le monde, mais si vous avez une foi qui croit que nous sommes au milieu d'une bataille alors c'est une bataille que vous aurez. C'est selon notre foi. La spiritualité du cœur d'orphelin se laisse entraîner dans ce genre de choses. Lorsque vous commencez à toucher la toute-puissance du Père, l'autorité de l'ennemi commence à diminuer.

Nous avons connu une femme qui était intercesseur et qui avait été impliquée dans le combat spirituel pendant de nombreuses années. Elle a ensuite rencontré le Père et, au fil du temps, elle a commencé à s'inquiéter pour elle-même. Elle nous a dit : « Je ne me sens plus concernée par l'intercession comme je le faisais avant de rencontrer le Père ». Je tiens à préciser que je ne suis pas contre les intercesseurs ou le combat spirituel. Nous avons des intercesseurs pour notre propre ministère. J'insiste sur un point particulier. Cette dame m'a dit qu'elle se désintéressait du combat spirituel *tel qu'elle le pratiquait*. Elle m'a dit : « Je me demande si je ne suis pas en train de perdre mon zèle pour ce ministère ». Je lui ai dit : « Je pense que vous êtes peut-être en train de grandir dans la foi. Peut-être êtes-vous en train de mieux comprendre qui vous êtes en tant que fille du Dieu tout-puissant ». Notre rôle d'intercesseur consiste simplement à nous tenir debout. C'est ce qu'a fait Josué, le grand prêtre (Zacharie 3:1-5). Satan se tenait à ses côtés pour l'accuser, mais Josué est resté debout et le Seigneur a réprimandé Satan. Laissez-moi vous dire que si vous êtes en présence du Père, vous verrez que Satan est *déjà* réprimandé.

LIBRE DES LOIS ET DES PRINCIPES POUR MARCHER DANS L'ESPRIT

Une autre chose qui change lorsque nous apprenons à connaître le Père. Dans le christianisme à l'esprit orphelin, il y a quelque chose en nous qui aime les lois. Comme nous ne pouvons pas être guidés par l'amour, nous essayons de trouver une autre voie. Nous cherchons une formule pour vivre la vie chrétienne. De nombreux livres aujourd'hui proposent à la fin de chaque chapitre une liste d'étapes ou actions à entreprendre en réponse à ce que vous avez lu. J'avais l'habitude de lire tous les livres chrétiens qui me tombaient sous la main mais maintenant je me contente de la bible. Il y a trop de révélations dans les Écritures à considérer, sans penser à la lecture d'autres livres.

Notre christianisme met surtout l'accent sur la marche selon les principes de Dieu. Je me souviens de la petite église dans laquelle nous étions lorsque nous avons initialement été sauvés. Elle était prise dans un merveilleux mouvement de l'Esprit. Au début de chaque culte, l'un des anciens invitait le Saint-Esprit à venir, puis il s'asseyait. Personne ne faisait quoi que ce soit si le Saint-Esprit n'en était pas à l'origine. La présence du Saint-Esprit était si puissante que si vous vous leviez pour faire quelque chose qui n'était pas dans

Passer d'un Christianisme Orphelin au Christianisme de Fils

l'Esprit, vos genoux tremblaient, votre voix vacillait et vous tombiez par terre. La présence du Saint-Esprit était si puissante et si évidente. Un jour, et je m'en souviens parfaitement, un homme s'est levé et a commencé à prêcher un message sur *la marche selon les principes de Dieu*. En écoutant ce discours, j'ai su dans mon cœur que le mouvement de l'Esprit était terminé. Vous voyez, *il y a* des principes de Dieu mais nous ne marchons pas en eux. Nous marchons *selon* eux, mais nous ne marchons pas par eux ou en eux !

Nous marchons dans l'Esprit et l'Esprit nous conduit *toujours* dans les voies du Seigneur. Le Saint-Esprit ne vous conduira jamais en dehors des voies du Seigneur, mais laissez-moi être clair à ce sujet. Ce n'est pas parce que vous marchez dans ce que la bible vous dit qu'il est juste de faire que vous marchez automatiquement dans l'Esprit. C'est comme le principe des mathématiques : 1 + 1 = 2, mais 2 n'est pas toujours 1 + 1. Vous pouvez arriver à 2 par un nombre infini de calculs, mais 1 + 1 ne sera jamais rien d'autre que 2. Marcher dans l'Esprit vous conduira toujours selon la parole de Dieu, mais obéir à la parole de Dieu ne signifie pas que vous marchez dans l'Esprit. C'est une chose très importante à comprendre. Il y a quelque chose dans notre condition d'orphelin qui fait que nous voulons toujours avoir des règles et des manières définies de se comporter. Faites ceci, ne faites pas cela ! Dans notre condition d'orphelin, nous craignons vraiment de ne pas avoir de limites déterminées et précises à notre comportement. Nous voulons savoir ce que nous pouvons et ne pouvons pas faire.

Le christianisme à l'esprit orphelin est toujours axé sur « où sont les limites », sur ce que j'ai le droit de faire et de ne pas faire. En réalité, Dieu ne veut pas que nous vivions ainsi. Il veut vous libérer. Lorsque nous connaissons l'amour du Père et que la réalité de son amour grandit en nous, nous découvrons que nous pouvons marcher selon la loi de l'amour et qu'aucune loi ne s'y oppose. Si vous marchez dans l'amour, vous n'avez pas besoin de règles autour de vous. Pourquoi ? Parce que si vous aimez, vous *accomplirez* la loi. La loi de Dieu est qu'il a mis son amour dans nos cœurs afin que nous soyons continuellement conduits par cet amour. Dieu est esprit et il marche dans l'amour. Les deux points sont synonymes. Il en va de même pour nous. Son amour qui nous remplit par l'Esprit nous conduira à marcher dans l'amour aussi.

1 Corinthiens 14.1 (RSV[17]) dit : « Faites de l'amour votre grand but ». Lorsque nous marchons dans la loi de l'amour, s'efforcer d'accomplir les principes de Dieu devient insignifiant et stupide. Parfois, c'est tellement ridicule ! Je suis heureux pour chaque personne dans le monde qui m'entende dire cela ! Dieu nous appelle à marcher comme Jésus a marché et en cela nous accomplissons la loi. Si je marche dans l'amour, je ne vous volerai pas. Non pas en premier lieu parce que c'est mal de voler ou parce que je crains les conséquences. La raison pour laquelle je ne vole pas vos biens, c'est parce que *je vous aime*. C'est ça qui motive le respect de la loi et non pas parce que c'est la loi de Dieu et que c'est ce qu'il faut faire ! Je peux vous garantir que vous trouverez très peu de personnes dans les tribunaux qui sont remplies d'amour pour les personnes contre lesquelles elles ont péché !

Lorsque vous aimez, vous accomplissez automatiquement la loi. Vous serez bon, vous serez doux, vous serez patient, vous serez tolérant, vous serez rempli de joie et vous serez libre.

DE L'AUTOSATISFACTION À LA SAINTETÉ AUTHENTIQUE

Dans le christianisme à l'esprit orphelin, nous nous efforçons

---

17. Ndlr : Traduction de la Revised Standard Version choisie par l'auteur.

d'être saints. On parle beaucoup de sainteté de nos jours. Il y a un bon nombre de chants sur la sainteté. Savez-vous ce que signifie « saint » ? La sainteté signifie simplement « mis à part »[18]. Nous pensons généralement que la sainteté consiste à toujours bien faire les choses et à vivre une vie correcte. En réalité, la sainteté signifie être différent du monde, différent du système du monde. Le fait que Dieu soit saint signifie qu'il n'existe rien dans ce monde qui me permette de le mesurer. Il est différent de tout ce qui s'y trouve.

En réalité, la sainteté est très difficile à définir car seul Dieu est saint. Pourtant, il nous ordonne de devenir saints. C'est pourquoi notre esprit d'orphelin s'efforce de devenir une personne sainte. Lorsque nous devenons des fils, ce n'est plus si important dans le sens où je ne suis plus tant concerné par le fait de devenir saint, que par celui de vouloir être comme mon père. Je veux aimer comme lui, penser comme lui, agir comme lui et ressentir comme lui. En tant que son fils, je veux voir comme il voit et comprendre comme il comprend. Je veux devenir comme lui. Lorsqu'il est dit « Soyez saints car je suis saint », ce que cela signifie réellement est « Vous serez saints car je suis saint et, à mesure que vous vous rapprocherez de moi, ma sainteté deviendra votre vie ! » La justice n'est pas quelque chose que l'on fait. La justice est un don. Selon 1 Corinthiens 1:30, Jésus-Christ a été fait pour nous justice par Dieu. Il est devenu notre justice *et* notre sainteté. Et en devenant semblables à lui, nous devenons saints.

L'aspiration religieuse à la justice et à la sainteté est remplacée par le désir d'un fils de ressembler à son père. Il s'agit moins d'éviter le péché que de vouloir ressembler au Père. C'est une grande tragédie que de nombreuses personnes aient lutté toute leur vie en essayant

---

18. Ndlr : l'auteur utilise l'expression 'other than' dans le texte originel que l'on pourrait traduire par 'autre que'.

d'arrêter de pécher. Plus vous luttez contre le péché, plus son emprise est forte dans votre vie, parce que vous devenez ce sur quoi vous vous concentrez. C'est un peu comme si vous étiez pris dans des sables mouvants. Plus vous luttez pour vous en libérer, plus vous êtes aspiré. C'est la même chose avec le combat contre l'ennemi. Plus vous vous polarisez sur la lutte contre l'ennemi, plus l'ennemi semble grand et plus il devient fort dans vos convictions négatives. Ce que le Seigneur recherche, ce n'est pas que nous essayions de lutter contre le péché. Bien sûr, je crois qu'il ne faut pas pécher, mais la vraie réponse n'est pas de résister au péché. La vraie réponse est de se soumettre à Dieu et de désirer lui ressembler au fond de nous. Au lieu de vous débarrasser d'un élément négatif, vous construisez un élément positif. Et le positif finira par éclipser le négatif.

De la Condamnation à la Grâce

L'un des grands problèmes auxquels une personne à l'esprit orphelin doit faire face est qu'elle pense que si les gens ne l'aiment pas, c'est à cause de ce qui ne va pas en elle. Sa première réaction est de dire : « C'est ma faute, c'est moi le problème. » Une personne à l'esprit orphelin essaiera souvent de cacher ses défauts ou de faire bonne figure. Elle affiche le masque du genre de personne qu'elle veut que vous pensiez qu'elle est.

Avec cet état d'esprit, les fautes deviennent l'ennemi. En fait, les manquements peuvent devenir un ennemi très sérieux. Nous pensons : « *Si je pouvais me débarrasser de mes défauts, tout le monde m'aimerait* ». Mais le problème, c'est que nous ne pouvons pas nous en débarrasser. Nous pouvons les cacher ou vivre de manière qu'ils ne se voient pas. Nous croyons que ce sont nos défauts qui nous empêchent d'obtenir l'amour dont nous avons besoin. Mais lorsque nous connaissons l'amour du Père, il se passe quelque chose de merveilleux. Mes défauts ne sont plus mon plus sérieux ennemi, ils deviennent en fait sans importance.

Plus nous connaissons le Père, moins les défauts sont un problème. Nous pouvons même nous vanter de nos faiblesses. Dans le christianisme à l'esprit orphelin, on cache ses faiblesses. Par conséquent, les responsables à l'esprit orphelin ne laisseront personne dans l'église apprendre à les connaître intimement parce qu'ils pourraient découvrir leurs faiblesses. Comme me l'a dit un responsable : « S'ils apprennent à connaître votre humanité, ils verront que vous êtes juste un homme ordinaire et vous perdrez votre autorité ! » Dans le christianisme à l'esprit orphelin, les faiblesses sont un problème. Lorsque vous montrez une faiblesse, on vous tombe dessus comme une tonne de briques !

J'ai découvert quelque chose. Quand les gens ne peuvent pas avoir de la grâce pour les fautes de quelqu'un, c'est parce qu'ils cachent leurs propres fautes. Il y a une attitude omniprésente dans l'Église selon laquelle nous ne devons pas tolérer les fautes. Nous ne devons pas avoir de défaut et si vous en avez un, c'est soudain un problème grave. Cependant, lorsque vous vous libérez de vos fautes et que vous pouvez les confesser, vous pouvez alors simplement être vous-même. Vous n'avez pas besoin d'essayer de faire preuve d'autorité ; vous n'avez pas besoin d'essayer d'être un leader ; vous n'avez pas besoin d'essayer d'être quelqu'un. Marchez simplement avec Dieu et voyez ce qu'il fait. Ce n'est un problème que si vous avez un cœur d'orphelin avec l'ambition d'être important ou simplement le besoin d'être aimé. Cependant, l'amour expérimenté du Père comble tout besoin d'être important ou de faire des choses importantes. Lorsque l'amour du Père vous remplit et déborde de vous, cet amour accomplira de lui-même des choses importantes.

Dans le christianisme à l'esprit orphelin, nous prêchons la liberté mais en réalité nous vivons dans la servitude. Nous prêchons la grâce mais nous vivons dans le légalisme. C'est ainsi que les choses finissent inévitablement. En revanche, une personne vraiment libre est incroyablement angoissante. Réfléchissez-y un moment ! Je pense que les disciples craignaient de marcher avec Jésus parce qu'ils n'avaient aucune idée de ce qu'il allait faire ensuite. Les choses qu'il dit aux pharisiens et aux sadducéens étaient choquantes mais il pouvait ressusciter les morts et ils ne pouvaient donc pas lutter contre lui. Dieu peut tout faire. Il est complètement libre. C'est terriblement terrifiant !

Nous vivons à une époque où l'amour paternel de Dieu commence à nous imprégner. Dans toute l'Église aujourd'hui, nous commençons à voir l'amour du Père pénétrer dans le cœur des gens. J'aspire au jour où tous les prophètes et apôtres de Dieu seront remplis de l'amour du Père, où tous ses pasteurs auront un cœur de père, non pas un cœur ambitieux, mais seront véritablement des pères et des mères pour les gens de ce monde. L'état d'orphelin est fondé sur le mauvais arbre. Il s'agit toujours de mettre en œuvre un plan pour essayer de plaire à Dieu ou de l'impressionner. Le système orphelin *est* l'Arbre de la connaissance du Bien et du Mal. Lorsque vous commencez à réaliser que le Créateur de l'univers prend totalement plaisir en vous et qu'il vous aime tel que vous êtes, vous vous libérez de ce que tout le monde attend de vous. Cela vous libère de vos propres attentes quant à ce que vous devriez être. Ainsi, vous êtes libre de vous reposer dans l'assurance de l'amour de Dieu dans votre cœur qui vous remplit jusqu'à déborder.

CHAPITRE CINQ

Le Véritable Caractère Chrétien

∼

Lorsque Denise et moi sommes devenus chrétiens, nous n'avons pas tardé à entendre des messages qui mettaient fortement l'accent sur le développement du caractère chrétien. C'était tout à fait compréhensible du point de vue des responsables de l'église à laquelle nous appartenions. L'église avait connu un réveil et le nombre de ses membres avait augmenté très rapidement. En très peu de temps, elle est passée d'une trentaine de personnes à plus de mille. La plupart des nouveaux membres étaient de nouveaux convertis et beaucoup d'entre eux venaient de milieux pour le moins difficiles. En conséquence, de nombreuses responsabilités sont tombées sur les épaules des responsables de l'église. Imaginez-vous être responsable d'église et recevoir soudain un afflux massif de personnes qui viennent de se convertir au Seigneur. Il arriverait un moment où vous seriez épuisés d'essayer de mettre de l'ordre dans leur vie et vous tenteriez donc de prêcher des principes qui permettraient aux gens de changer plus rapidement. Au milieu de ce formidable mouvement de l'Esprit, il y avait également une attente très forte concernant le comportement chrétien. Comment faut-il se comporter en tant que chrétien ? C'est ainsi que le légalisme s'est infiltré au milieu d'un formidable mouvement de l'Esprit. Durant cette période, il y a eu des manifestations inhabituelles de l'Esprit, comme le fait que trente personnes reçoivent la même vision du Seigneur en même temps. Il y a eu de multiples guérisons miraculeuses et de nombreuses personnes issues de milieux très défavorisés sont venues au Seigneur.

Je peux pleinement comprendre que les responsables de cette église aient lutté pour faire de tous ces nouveaux convertis qui avaient besoin d'être « nettoyés » des disciples. Parce que le niveau d'onction était si fort, un dicton est devenu populaire, un dicton qui est bien connu dans beaucoup d'églises dans le monde entier. Il disait : « Nous ne voulons pas de gens qui ont plus d'onction que de caractère ». En d'autres termes, vous devez développer un caractère chrétien fort, parce que si vous ne le faites pas, votre onction contournera votre caractère et vous jetterez le discrédit sur l'église lorsque votre caractère sera défaillant. L'Église d'aujourd'hui continue à mettre l'accent sur cette notion de *caractère* chrétien.

LA PROPRE JUSTICE[19]

Permettez-moi de donner quelques exemples de ce qui a été enseigné comme étant un « bon caractère chrétien ». Ils sont tous regroupés sous le titre de « personne de principes », une personne qui respecte strictement les principes justes de Dieu. Ces principes sont l'honnêteté, la droiture, la frugalité, la bonne gestion, la prudence en matière de finances et la pureté sexuelle ; il s'agit d'être prudent et circonspect dans la vie. Le conseil était le suivant : « Ne vous précipitez jamais dans quoi que ce soit. Réfléchissez toujours soigneusement avant d'agir. Ne dépensez pas plus que ce dont vous avez besoin. Après tout, c'est l'argent du Seigneur et vous n'en êtes

---

19. Ndlr : Le mot anglais du texte original est « self-righteousness » qui peut se traduire de plusieurs manières en français « propre justice », « autosatisfaction », « orgueil », « pharisianisme ».

que l'intendant ». Sur cette base, vous devez donc essayer de faire la meilleure affaire possible. Cherchez toujours à faire de bonnes affaires. Conduisez une voiture qui n'est pas ostentatoire. Ne soyez jamais extrémiste – restez dans le juste milieu – veillez à ne jamais faire des choses qui peuvent être critiquées. Faites toujours preuve de diligence et prenez la bonne décision. Un autre mot à la mode dans cet environnement était le mot « prudence ». On nous conseillait d'être prudents, c'est-à-dire de toujours agir en fonction des faits connus. En bref, le conseil était le suivant – ne prenez jamais de risque et ne vivez pas à partir de votre cœur.

Mon problème, c'est que lorsque j'entendais les gens parler ainsi, je ne pouvais pas m'empêcher de penser que c'était la dernière chose à laquelle je voulais ressembler ! J'avais l'impression qu'on me forçait à entrer dans un moule dans lequel je ne voulais pas entrer. Je voulais être libre. Je voulais vivre ma vie plus spontanément.

En réalité, je n'ai aucune envie d'être frugal. Il est étonnant de constater que les chrétiens ont acquis une mauvaise réputation dans le monde à cause de cette question de la sobriété. J'ai entendu parler d'exemples où certains restaurants ne veulent pas servir les chrétiens parce que ces derniers ne donnent pas de pourboires généreux aux serveurs, voire pas de pourboires du tout ! Les chrétiens sont trop chiches et radins et ils sont notoirement mauvais pour donner des pourboires au personnel du restaurant. Ils donnent le moins possible. Personnellement, lorsque nous mangeons au restaurant, je mets un point d'honneur à donner plus que ce qu'ils attendent. Je ne crois pas que la frugalité soit une qualité du caractère chrétien. En fait, je crois sincèrement que la générosité à outrance est un trait de caractère chrétien. Dieu a été extrêmement généreux avec nous. Il a donné plus que nous ne pouvions espérer. Il a donné son Fils pour nous. Il a même donné sa vie pour nous.

En réalité, ce type de « caractère chrétien » n'est rien d'autre que de *l'autosatisfaction*. Il s'agit d'une droiture de vie basée sur ce que *je* crois être la bonne et la meilleure chose à faire.

Si vous commencez à vivre selon des « principes chrétiens », la question que vous devez vous poser est la suivante : quels principes vais-je suivre ? Quels sont ceux qui ont la priorité à un moment donné ? Dans telle situation, faut-il être économe ou généreux ? Quel principe prévaut dans cette circonstance ? Nous prenons nous-mêmes la décision au lieu de suivre les impulsions de l'amour de Dieu. Nous choisissons d'utiliser un principe au lieu de laisser l'amour déterminer nos actions. Si l'amour doit être le fondement de notre vie, chercher le bon principe pour vivre revient à manger du mauvais arbre – quelle est la bonne chose à faire ? Quelle est la mauvaise chose à éviter ? Nous ne devons pas marcher en évaluant quel principe nous devrions utiliser à ce moment précis en fonction de notre compréhension actuelle qui est imparfaite. Nous devons être conduits par l'Esprit, qui est la nature et l'amour de Dieu en nous.

Cette question de la « bonne gestion » a été et continue d'être un problème majeur dans le Corps de Christ. Elle donne une licence absolue à l'avidité et à la convoitise, et permet de s'accrocher fermement à ce que l'on possède. Elle permet de s'assurer que l'on garde ce qu'il y a de mieux pour soi et d'être très prudent lorsqu'il s'agit de donner plus que ce que l'on possède. Selon la « bonne gestion », donner plus que ses moyens équivaut à un péché ; donner trop, c'est mal. La bonne gestion se limite à donner de ce qui reste après avoir rempli ses responsabilités. Vous ne donnez qu'à partir de votre revenu disponible. Lorsque nous examinons cette question, nous constatons que l'Écriture condamne sans cesse ce type d'attitude. Dans 2 Samuel 24:24, nous lisons les paroles du roi David à Aravna le Jébusien : « Non ! Je veux l'acheter de toi à prix d'argent, et je n'offrirai point à l'Éternel, mon Dieu, des holocaustes qui *ne me coûtent rien* ». Lorsque Denise et moi avons lu ce passage, nous avons compris que nous ne voulions pas donner au Seigneur uniquement avec notre superflu. Nous voulons donner au Seigneur quelque chose qui nous a coûté. Si vous ne donnez qu'à partir de votre surplus – et que vous ne faites jamais autrement pour suivre le principe de la « bonne gestion » – alors cela va à l'encontre de la conduite de l'Esprit qui opère dans la dimension de la foi surnaturelle.

La veuve qui a mis ses deux pièces dans l'offrande du temple n'a pas donné grand-chose en termes de valeur monétaire. C'était une toute petite somme d'argent, mais elle a donné tout ce qu'elle avait. De toutes les personnes qui ont donné de l'argent pour une offrande c'est son histoire qui a été soulignée par Jésus et rapportée dans les Écritures. C'est intéressant, n'est-ce pas ? Selon les principes de la « bonne gestion », cette pauvre veuve a mal agi ! Il y a quelque chose dans le fait qu'elle ait mis tout ce qu'elle avait qui ressemble au cœur de Dieu qui a mis tout ce qu'il avait. Romains 8:32 met cela en évidence : « Lui, qui n'a point épargné son propre Fils, mais qui l'a livré pour nous tous, comment ne nous donnera-t-il pas aussi toutes choses avec lui ? » Parce qu'il a donné le meilleur de lui-même, il n'y a rien qu'il puisse nous refuser.

Le véritable caractère chrétien est en fait le caractère de Dieu lui-même qui nous est transmis afin que nous devenions comme Lui. Des choses comme être prudent, circonspect, avisé et avoir de la sobriété sont toutes déterminées par ma propre évaluation de ce qui est la bonne façon de vivre.

J'ai souvent constaté que les orateurs invités reçoivent le minimum possible de rémunération. Nous avons constaté que de nombreuses églises sont très généreuses envers nous mais que trop souvent d'autres églises font preuve de « prudence ». Elles se retiennent quand il s'agit de payer la rémunération. Ce n'est pas le cœur de Dieu. Beaucoup d'églises s'efforcent de donner le moins possible. Personnellement je préfère donner trop que pas assez. Je crois que c'est plus proche du véritable cœur de Dieu. La parabole de Luc 15 a été décrite comme la « parabole du fils prodigue », mais il s'agit plus précisément de l'histoire du « père prodigue ». C'est le *père* qui a fait preuve d'une générosité débordante. Plutôt que de parler d'un fils qui a trop dépensé, cette histoire parle d'un père qui a trop aimé – si l'on peut dire cela ainsi. Je préfère sincèrement donner à quelqu'un plus que ce qu'il attend.

Le véritable caractère chrétien ne consiste pas à être un « bon intendant » dans le sens se retenir de donner ou de dépenser. Il s'agit d'être un bon intendant en donnant *plus* que ce qui est nécessaire car c'est ainsi qu'est le caractère de Dieu. Nous connaissons le « caractère chrétien » tel qu'il est dans le mauvais arbre. La connaissance du bien et du mal nous est très familière. Mais à quoi ressemble le caractère chrétien dans l'amour du Père ? Comment l'amour du Père se manifeste-t-il dans la vie d'un fils ou d'une fille ? Comment voudrait-il que nous vivions notre vie ?

Je voudrais explorer certaines de ces questions qui, selon moi, sont les fondements de ce qu'est véritablement le caractère chrétien. C'est dans cela que l'amour du Père vous entraînera. Voici quelques-uns des fruits de l'amour du Père.

Désintérêt pour la réputation

Le premier fruit est une caractéristique majeure de la vie de Jésus. Il s'agit d'**un désintérêt total de la réputation**. La première chose que Jésus a faite en venant sur terre, c'est qu'il a quitté la gloire du ciel et s'est fait homme. Il a mis de côté sa gloire et sa réputation pour venir sur terre et, pendant qu'il était sur terre, il ne s'intéressait pas du tout à ce qui pouvait lui donner une réputation. Lorsqu'ils ont cherché à faire de lui un roi, il s'est échappé du milieu d'eux. Il s'est éloigné de l'adulation des foules pour chercher un endroit désert. Et, même lorsqu'il a été crucifié, il a été compté parmi les criminels. Il est mort nu sur une croix. Il n'est pas mort avec un drap autour de la taille, comme l'ont représenté les artistes médiévaux pour ne pas faire rougir leurs commanditaires. Non ! il a été déshabillé et suspendu à la croix sous les yeux de nombreux spectateurs. Il a pris la place de la honte. En regardant cela, nous pouvons penser qu'il a souffert la honte pour que nous n'ayons pas à la subir. Il n'en est rien ! Il l'a fait pour nous servir d'exemple. Comme il a marché dans le monde, nous devons marcher (1 Jean 2:6).

Il nous a montré le chemin à suivre. Il est *le* Fils de Dieu et nous apprenons à être des fils de Dieu comme lui, notre frère aîné. J'avais l'habitude de penser que faire de Jésus mon Seigneur signifiait qu'il était mon commandant et que je devais obéir à tout ce qu'il me disait de faire. Lorsqu'Il criait un ordre, je devais me mettre au garde-à-vous et courir pour obéir à cet ordre. J'ai découvert depuis que ce n'est pas vraiment ce que cela signifie. Il *est* le Roi – mais nous ne sommes pas des citoyens ou des sujets du Royaume. Parce que nous sommes en lui (le premier-né de nombreux frères et sœurs), nous sommes déjà membres de la famille royale. Toutes les attitudes de Jésus doivent dominer et être souveraines sur nos attitudes. Nous devenons *semblables* à lui. Lorsque nous parlons de la seigneurie de Jésus, cela signifie que tout ce qu'il est détermine tout ce que nous devenons. Et tout ce qui en nous ne lui ressemble pas doit lui être soumis. Je vais vivre les mêmes valeurs que lui.

Chapitre Cinq

Lorsque Jésus dit : « Je suis le chemin, la vérité et la vie. Personne ne vient au Père que par moi », il ne dit pas seulement que sa mort sur la croix a ouvert la voie pour que nous puissions venir hardiment au Père. Il dit : « *Je* suis le chemin ». En d'autres termes, si vous voulez venir au Père et le connaître plus profondément, vivez comme je vis ! Car c'est ainsi qu'il vit et c'est le genre de personne avec lequel le Père aime être en communion.

Le Père est en communion avec quelqu'un qui ne s'est pas fait de réputation. Votre désir de réputation et le fait que vous vouliez que les autres aient une bonne opinion de vous vous empêchent d'avoir une relation intime avec votre Père. Lorsque Jésus a dit : « Je suis le chemin », il a également voulu dire : « Devenez comme moi ! »

Jésus n'a pas cherché de réputation, plus encore, il a continuellement choisi le chemin de la destruction de la réputation. En voyageant comme je le fais, je suis confronté aux mêmes préoccupations d'une manière particulière. J'ai eu l'occasion de rencontrer certains des leaders les plus éminents des cercles chrétiens contemporains. J'ai rencontré des personnes très influentes. J'ai reçu des invitations pour parler dans des lieux où, si j'y étais accepté, cela pourrait m'ouvrir d'excellentes opportunités pour mon ministère.

Je me souviens d'avoir parlé à un groupe de responsables de l'une des principales églises d'Asie. Cette église comptait des dizaines de milliers de membres et je m'adressais à environ soixante-dix de ses principaux responsables. Alors que je me tenais devant eux, cette pensée m'a traversé l'esprit : « *Si je fais du bon travail ici...* » et j'ai commencé à imaginer les portes qui pourraient s'ouvrir à moi. J'ai alors pensé : « *Quelles sont les options qui s'offrent à moi ? Est-ce que je prêche ce que je sais qu'ils aimeraient entendre afin d'avoir accès à une congrégation de douze mille personnes ?* » Heureusement cela s'est produit récemment alors que j'étais parfaitement conscient de cette tentation de rechercher une réputation, de sorte que je n'ai pas été sérieusement tenté – mais ces pensées m'*ont* traversé l'esprit.

Ou, pour donner un autre scénario, je suis assis à un repas avec certains des noms les plus connus de l'église chrétienne d'aujourd'hui avec la tentation de penser que si je fais une impression favorable alors certaines opportunités s'ouvriront à moi. Lorsqu'ils organiseront une conférence, ils m'inviteront peut-être pour être l'un des principaux orateurs !

Plus vous connaissez l'amour du Père pour vous, moins vous devrez surmonter la peur de l'homme. Vous n'aurez plus à essayer d'arrêter d'être timide parce que ce que les gens pensent de vous devient de moins en moins important. Si quelqu'un a une opinion négative, vous pouvez lui donner la liberté d'avoir cette opinion tout en restant libre grâce à ce sentiment inébranlable que le Père vous aime. Si quelqu'un d'aussi merveilleux que lui m'aime, pourquoi devrais-je faire attention à quelqu'un qui a une opinion négative sur moi ? Pourquoi devrais-je prendre cela à cœur ? Il peut y avoir des fois où quelqu'un dit quelque chose et nous avons besoin d'aller dire : « Seigneur, est-ce vrai ? » Souvent Dieu peut parler dans notre vie à travers ce que les personnes disent.

L'esprit orphelin est très attaché à l'approbation des autres et nous vivons donc dans la crainte de ce que les gens pensent de nous. Dans notre cœur, nous nous efforçons d'obtenir le respect et le sentiment de notre propre valeur. Permettez-moi de dire ceci – lorsque vous faites l'expérience de l'amour du Père pour vous, vous vous sentez naturellement digne. Vous vous sentirez naturellement précieux. Vous n'aurez pas besoin de suivre un programme de valorisation. Tout ce qui peut aider est bon, mais, en fin de compte, l'aide dont nous avons besoin est la révélation de l'amour du Père pour nous. Parfois les gens ont besoin d'aide là où ils en sont et je ne critique donc pas l'utilité de certaines de ces initiatives, mais lorsque nous ferons l'expérience de l'amour du Père, certaines de ces choses seront balayées. L'amour du Père ira beaucoup plus loin que les solutions provisoires proposées. J'aime ce que dit ma femme Denise : « L'amour de Dieu ne suit pas la valeur ou le mérite. Il les crée ! » Il ne vous aime pas parce que vous avez de la valeur mais son amour révélera la valeur en vous et vous vous sentirez précieux.

En réalité, le désir d'avoir une bonne réputation est le propre de notre humanité déchue. Nous voulons que les gens pensent du bien de nous. Le niveau d'insécurité en vous déterminera le niveau de tentation auquel vous êtes vulnérable. Mais regardons les choses en face – vous *pourriez* faire ce que tout le monde veut que vous fassiez, mais vous n'y prendriez pas plaisir, n'est-ce pas ? Ce ne serait pas le vrai vous. Vous finiriez par tout faire foirer de toute façon !

Cette question de ce que les autres pensent, ce désir de réputation, nous empêche d'être en communion avec le Père. Le Seigneur n'a absolument aucun intérêt personnel. Il n'est pas du tout égocentrique. Chaque personne de la Trinité est absolument concentrée sur l'autre et sur nous, les objets de son amour. C'est pourquoi Jésus n'a pas attaché d'importance à sa réputation. Il aimait tellement son Père et il nous aimait tellement qu'il n'a pas hésité à mettre de côté sa gloire :

> *«...lequel, existant en forme de Dieu, n'a point regardé comme une proie à arracher d'être égal avec Dieu, mais s'est dépouillé lui-même, en prenant une forme de serviteur, en devenant semblable aux hommes ; et ayant paru comme un simple homme, il s'est humilié lui-même,*

se rendant obéissant jusqu'à la mort, même jusqu'à la mort de la croix. » – Philippiens 2:6-8

Lorsque Jésus vous regarde, il est totalement absorbé par vous. C'est cela l'amour.

C'est un problème majeur dans notre christianisme. Je crois que c'est là que l'amour du Père nous emmène. Plus vous serez conscient qu'il vous aime, moins vous vous soucierez de ce que les autres pensent de vous. Nous disons souvent : « Je me fiche de ce que les gens pensent de moi », alors qu'en réalité nous y tenons beaucoup. Souvent, nous essayons d'être courageux et de nier nos sentiments blessés et notre insécurité, mais c'est autre chose de se désintéresser de ce que les autres pensent de nous. Être tellement convaincu de ce que l'on est et de ce que Dieu nous a appelé à faire que l'on se désintéresse de la critique ou de l'éloge des autres est un lieu de véritable sécurité. Lorsque je regardais les gens qui mettaient tellement l'accent sur le « bon caractère », ma perception était que non seulement ils semblaient ennuyeux, mais qu'il y avait peu d'onction dans leur vie. L'onction va de pair avec quelque chose d'un peu sauvage. L'onction n'est pas prévisible. Vous devez être libre de ce que le monde attend de vous pour pouvoir vous déplacer avec le vent de l'Esprit.

UN CŒUR POUR ÊTRE UNE BÉNÉDICTION

Le prochain fondement majeur du véritable caractère chrétien que je souhaite mettre en lumière est – **avoir un cœur qui veut *être* une bénédiction**.

Avec un cœur de fils, il ne s'agit pas tant du désir d'être *béni* que du désir d'être *une bénédiction*. Un serviteur recherche toujours le profit et la croissance dans sa vie. Un fils apprend à donner sa vie. Au fur et à mesure que nous laissons place à cette vie de fils, cette question se posera et nous mettra au défi à maintes reprises. Pour un chrétien au cœur de serviteur ou à l'esprit orphelin, l'accent est mis sur le profit. Pour un fils, l'accent est mis sur le Père parce que le Père devient réel pour lui. Plus le Père est réel pour vous, plus vous voulez être une bénédiction. Un changement s'opère en vous, de sorte qu'il n'est plus si important de voir vos problèmes réglés. Il s'agit de savoir ce qui est bon pour lui.

C'est un enjeu majeur lorsqu'il s'agit du ministère. Beaucoup de gens se préoccupent de «*mon* ministère», de ce que Dieu veut faire avec *moi*. Il y a quelques années, je discutais avec un pasteur américain qui avait dans son ministère un jeune leader qu'il considérait comme un formidable animateur de jeunesse, mais qui l'avait vraiment déçu. Il a révélé que ce jeune leader, quand il faisait encore partie du personnel de l'église, avait créé son propre nom de ministère. Il avait son propre site web et ne pensait qu'à promouvoir sa personne et son ministère pour l'avenir. Ce jeune homme allait construire son propre ministère et, dans son cœur, il avait déjà quitté le ministère plus âgé. Dans la culture contemporaine de l'église, nous sommes obsédés par notre propre ministère. Des milliers de personnes assistent à des conférences prophétiques pour obtenir une parole prophétique sur leur ministère ou leur avenir. Cependant, Dieu a toujours eu l'habitude de s'occuper davantage d'un reste que de la foule. Dans le christianisme à l'esprit orphelin, nous nous considérons les uns les autres comme des concurrents ou des rivaux. La jalousie et l'envie sont monnaie courante dans le Corps de Christ parce que l'ambition est un sérieux problème pour nous. Beaucoup de gens recherchent ce qu'ils veulent faire « pour Dieu », mais très souvent, il s'agit d'une façon détournée de savoir ce *que je peux retirer* de ce que je fais pour Dieu ?

Cela peut également s'appliquer aux dirigeants. Les leaders peuvent être tellement insécures qu'ils ne cherchent pas à faire progresser d'autres responsables de leur équipe. Ils les envoient à l'extérieur et s'en débarrassent afin qu'il n'y ait pas de concurrence pour la direction au sein de l'organisation et que personne ne menace ainsi le statut du leader. Si une personne commence à s'élever et à montrer ses dons, les dirigeants qui ont un cœur d'orphelin la combattront. Je pense que nous savons tous de quoi je parle. Parfois les dirigeants disent : « Si nous gardons la congrégation jeune et ne la faisons pas évoluer, il n'y a pas de menace pour nous ». C'est l'œuvre d'une démarche d'esprits orphelins. Je ne sais pas si c'est toujours conscient mais c'est souvent le cas dans le cadre d'un christianisme à l'esprit orphelin. L'une des choses que j'ai découvertes, c'est que si vous voulez avoir un ministère, mettez tous vos efforts et votre temps à aider les autres à trouver le leur. Si vous consacrez tout votre temps à trouver votre ministère, je peux vous garantir une chose : vous ne le trouverez jamais ! Vous ne vous développerez jamais. Rien ne se passera dans votre ministère si vous vous concentrez sur la recherche d'un ministère pour vous-même. En revanche, si vous mettez tous vos efforts à aider les autres à entrer dans ce que Dieu a pour eux, vous trouverez votre ministère. Votre ministère consistera à servir les autres et c'est ce que signifie le mot ministère. Le ministère signifie servir mais nous l'avons souvent transformé en quelque chose d'entièrement différent.

Je suis récemment tombé sur un texte de Derek Prince concernant Philippiens 2:3. Paul nous y avertit, en tant que serviteurs du Seigneur, de ne rien faire par ambition égoïste ou par vanité. C'est ce que dit le verset 3 mais Derek Prince fait ensuite le commentaire suivant :

> *« Au fil des ans, j'ai observé qu'un problème persistant et omniprésent dans l'Église est l'ambition personnelle et*

Chapitre Cinq

> *la compétition avec d'autres ministères. Permettez-moi d'ajouter que j'ai observé ce problème avant tout dans ma propre vie. »*

Je l'aime pour cela ! Je l'ai observé dans ma vie aussi et je pense que cela fait partie de l'état d'orphelin. Dans l'état d'orphelin, tout le monde est là pour soi. Occupez-vous du « numéro un » car personne ne vous donnera jamais rien ! Telle est la devise des orphelins. Mais, avec un cœur de fils, c'est différent. Bien sûr il peut y avoir de la jalousie et de l'envie à l'égard des frères plus âgés qui découlent de notre condition d'orphelin, mais lorsque nous connaissons le Père et que nous avons fait l'expérience qu'il nous aime, nous devenons une famille ! Les « frères et sœurs » deviennent alors bien plus qu'un simple titre que nous utilisons pour désigner les gens. C'est un privilège que d'avoir un frère plus âgé que moi. Dans la chrétienté à l'esprit orphelin, il n'y a aucun avantage à avoir des frères plus âgés que soi car ils prendront ce qui est à vous. Dans la vie de fils, par contre, les frères et sœurs plus âgés deviennent une bénédiction pour nous parce qu'ils ont des choses que nous n'avons pas et dont nous pouvons bénéficier.

Si vous avez simplement un cœur de serviteur envers Dieu, vous aurez aussi une attente de récompense. Vous vous attendrez à être béni pour avoir fait ce que l'on vous a dit de faire. Cette attitude est très répandue dans la chrétienté d'aujourd'hui. L'accent est mis sur le fait que Dieu prend soin de vous si vous êtes fidèle à sa volonté. Il existe une culture du mérite au sein du Corps de Christ. Certains vont jusqu'à dire : « Si je suis un fils de Dieu, je mérite de voyager en première classe et de séjourner dans les meilleurs hôtels. » Les chrétiens au cœur de serviteur s'attendent toujours à être bénis. Un fils, par contre, est désireux de bénir son Père. En fin de compte, la plus grande bénédiction que vous puissiez avoir est une personnalité semblable à celle du Christ. C'est quelque chose dans lequel l'amour du Père nous conduit. Avec son amour dans votre cœur, vous commencerez à vous soucier davantage des autres que de vous-même. Vous en viendrez à désirer le succès et la bénédiction des autres au-dessus de la vôtre.

Il y a quelques années, Denise et moi avons pris une décision. Nous étions dans le ministère depuis longtemps et notre objectif et nos prières avaient toujours été que Dieu nous bénisse, qu'il bénisse notre ministère et ce que *nous* faisions. Puis j'ai entendu à nouveau quelqu'un prier ainsi : « Seigneur, bénis notre réunion de ce soir. Ajoute ta bénédiction à ce que nous faisons », et quelque chose en moi a répondu : « J'en ai assez de cela ! J'en ai assez de demander à Dieu de *me* bénir et de bénir *mon* ministère ! »

Aujourd'hui, lorsque je vais prêcher, on me demande souvent de me joindre à la réunion de prière qui précède la réunion. J'évite ces réunions de prière ! Je le fais pour deux raisons. D'abord, parce que je ne peux pas supporter autant d'incrédulité, des gens qui prient surtout à partir d'une espérance terrestre, implorant Dieu de faire quelque chose plutôt qu'une foi pleine d'attente. L'autre raison est que je suis fatigué de demander à Dieu de *nous* bénir – bénir la réunion, bénir la louange, bénir la prédication ! Je ne veux plus qu'il *me* bénisse. Désormais, je veux être une bénédiction pour *lui*. Qu'il me bénisse ou non, je veux le bénir. Je veux juste que ma vie *lui* fasse plaisir.

Ce changement d'attitude a été extraordinaire pour nous. Tant que vous voulez que Dieu *vous* bénisse, vous essaierez toujours de faire entrer Dieu dans ce que *vous* faites. Mais lorsque votre désir est d'être une bénédiction pour Dieu, il vous impliquera dans ce qu'*il* fait. Il y a une énorme différence entre ces deux attitudes. Tant de gens m'ont dit : « Nous avons travaillé pour le Seigneur pendant toutes ces années et nous n'avons toujours pas telle ou telle chose », ou « Nous servons le Seigneur depuis des années et 'ceci' ne s'est pas encore produit pour nous ! » C'est comme si, parce que nous l'avons servi si fidèlement, il aurait dû nous accorder ces choses. C'est une mentalité de serviteur. Un serviteur travaille pour une récompense. Un fils travaille en harmonie avec son père pour être une bénédiction pour le cœur du père.

Dans le christianisme du cœur de serviteur, l'esprit des martyrs est remarquablement absent. Réfléchissez-y un instant ! Lorsque notre attitude est axée sur ce que nous allons en retirer, sur le fait que « moi » je vais être béni et que Dieu *devrait* faire telle ou telle chose pour moi – ce n'est pas le chemin des martyrs. Le chemin du martyre consiste à être une bénédiction pour Lui – même au point de perdre votre vie. Si votre mort est une bénédiction pour Lui, qu'il en soit ainsi. Telle est l'attitude des martyrs. L'esprit des martyrs n'est pas de se faire bénir. Il s'agit de donner sa vie pour *être une bénédiction*. Notre culture chrétienne dans le monde occidental a largement oublié cela.

Au cours de l'ensemble de mes voyages, je n'ai senti que rarement le parfum de l'esprit des martyrs dans les ministères avec lesquels j'ai été. Mais lorsque j'en ai fait l'expérience, c'est une chose merveilleuse. Je me souviens qu'une fois, à Fidji, j'ai rencontré trois jeunes femmes qui vivaient à flanc de colline et construisaient un centre de ministère pour les indiens qui coupaient la canne à sucre et qui étaient pratiquement des esclaves. Ils ne pouvaient pas posséder leur propre terre et, lorsqu'ils essayaient d'améliorer leurs conditions de vie, les propriétaires arrivaient et les jetaient dehors. Ils étaient pris au piège dans un cercle vicieux de dur labeur manuel sous l'autorité des propriétaires de plantations qui ne leur laissaient jamais de répit ni d'opportunité d'amélioration. Lorsque je leur ai rendu visite, ces filles étaient en train de creuser une fosse pour les latrines. Elles étaient environ à deux mètres cinquante de profondeur, utilisant des pioches pour briser la roche dure, remplissant des seaux qu'elles hissaient à la surface à l'aide d'une corde. Elles travaillaient dans des conditions de chaleur et d'humidité accablantes. Lorsqu'elles m'ont vu, elles sont sorties de la fosse et m'ont invité à partager le déjeuner avec elles. Elles ont mangé de la soupe, c'est-à-dire de l'eau chaude dans laquelle flottaient quelques feuilles ou brins d'herbe. Mais vous auriez dû les entendre rendre grâce ! Elles se sont mises à adorer le Seigneur, leur cœur débordant de gratitude pour ce que Dieu leur avait donné. J'ai senti qu'il y avait en elles quelque chose que les martyrs auraient ressenti comme étant aussi en eux.

L'Église est bâtie sur le sang des martyrs. Certaines nations ne connaîtront pas de percée de l'Esprit tant que le sang des martyrs n'aura pas été versé. Le sang des martyrs est l'une des principales armes utilisées par Dieu pour ouvrir une nation à l'Évangile. Le désir de vouloir être une bénédiction plutôt que d'être béni est dans l'esprit des martyrs et dans l'esprit de fils.

Les créateurs de joie

Un autre fondement majeur du caractère chrétien dans l'amour du Père est d'être **un créateur de joie.**

Les personnes qui ont un vrai caractère chrétien créent de la joie. Leur présence apporte la joie. Nous avons eu l'illusion que les chrétiens devaient être des personnes très sérieuses parce que le christianisme est une affaire *sérieuse*. Certains chrétiens considèrent même que rire est un péché. J'ai entendu des prédications à ce sujet. Le prédicateur avait dit quelque chose comme ça : « Ici nous sommes en train de rire, mais pensez-vous que Dieu est assis au ciel et qu'il rit face aux problèmes du monde ? Pensez-vous qu'*il* rit des guerres, des famines et des tragédies qui sévissent dans le monde ? » Ce genre de commentaire tue définitivement toute joie !

Il est facile de penser que la seule réponse à un monde déchu est d'être sérieux. Je me souviens avoir entendu Heidi Baker parler de ce sujet. Elle vit et travaille au Mozambique, l'une des nations les plus démunies du monde. Elle exerce son ministère auprès de personnes qui ont vécu des événements horribles dans leur vie. Notamment, elle tient des bébés dans ses bras alors qu'ils sont en train de mourir en leur donnant de l'amour dans les dernières heures de leur vie. Elle dit cependant qu'au milieu de telles souffrances, elle est tellement remplie de joie qu'elle a demandé au Seigneur comment c'était possible. Comment peut-elle avoir une telle joie au milieu d'une telle souffrance ? Je ne me souviens pas de tout ce que le Seigneur lui a répondu, mais une chose m'est restée à l'esprit. Il a dit à Heidi : « Ce dont ces personnes ont besoin c'est d'être joyeuses. Ces gens ont besoin d'une raison d'être heureux. Ils n'ont pas besoin de personnes qui sont seulement sérieuses. Ils ont besoin de personnes qui peuvent créer de la joie en eux. »

L'un des aspects des mamans est le suivant : de nombreuses mères vont vivre au même niveau émotionnel que leur enfant le plus triste. Au cours de la journée, quel que soit l'enfant le plus triste de la famille, la mère sera au même niveau émotionnel. Lorsque cet enfant retrouve sa joie, la mère transfère son attention et s'identifie à nouveau à l'enfant le plus chagrin de la famille. De sorte qu'elle vit continuellement au niveau émotionnel le plus bas de la famille. Pourtant, ce dont les enfants ont vraiment besoin, c'est d'une mère qui les sorte de leur tristesse pour les hisser à son niveau de bonheur. C'est ainsi que vivent de nombreux chrétiens. Ils vivent leur vie au niveau de joie le plus bas possible.

Ce dont le monde a besoin, c'est de joie. Je crois vraiment que le vrai caractère chrétien est la capacité de créer de la joie.

Lorsque nous sommes devenus chrétiens, j'étais une personne très différente de celle que je suis aujourd'hui. Nous étions chrétiens depuis quelques années et je me sentais souvent très seul. Je n'avais plus rien en commun avec mes anciens compagnons de chasse et je n'avais pas d'amis chrétiens. L'église que nous fréquentions était passée rapidement d'une trentaine de membres à plus de mille. Parfois, lorsque nous allions à l'église, nous étions accueillis à la porte comme si nous étions là pour la première fois. Des personnes dont nous nous souvenions lorsque nous nous sommes joints à l'église ne nous reconnaissaient pas et nous accueillaient à la porte comme si nous étions des nouveaux venus ! J'étais timide, blessé et inamical. Un jour, j'ai déploré auprès de Denise le fait que je n'avais pas d'ami dans l'église et elle m'a répondu : « James, cela t'aiderait beaucoup si tu souriais de temps en temps ! » Je n'avais pas en moi la capacité de sourire. La joie devait venir d'un endroit en moi qui avait désespérément besoin de guérison.

Nous vivions à la campagne, à une trentaine de kilomètres de l'église. Au cours des deux premières années de notre vie chrétienne, pas un seul membre de l'église n'est venu chez nous. De nombreuses personnes de l'église ont rendu visite à d'autres membres de l'église qui vivaient à un kilomètre de chez nous mais nous n'avons reçu aucune visite. Nous étions pleinement investis dans tout ce qui concernait Dieu et nous mettions toute notre énergie dans l'église mais nous avions l'impression que personne ne s'intéressait vraiment à nous.

Chapitre Cinq

Un jour, j'ai vu une voiture descendre le chemin de gravier qui menait à notre maison. À ma grande surprise, elle s'est arrêtée dans notre allée et un homme en est sorti. C'était un certain David Pickering, l'un des diacres de l'église. Il a frappé à la porte et j'ai ouvert. Les yeux de David brillaient et il s'est exclamé : « Vous avez beaucoup de chance de vivre ici ! Quel beau cadre de vie ! »

Il est entré dans le couloir et a pris la tasse de thé que nous lui avons offerte. Il s'est exclamé : « Waouh ! C'est vous qui avez posé ce papier peint sur les murs ? C'est un papier peint fantastique ! Vous avez de superbes meubles ! » Tout ce qu'il regardait, il le commentait avec un tel enthousiasme que nous avons commencé à avoir un autre regard sur nos biens et la maison. Lorsqu'il est parti, j'ai eu l'impression que nous vivions dans un palais. Sa visite nous a énormément remonté le moral. Elle a eu un impact énorme sur nous ce jour-là. Il a créé de la joie. Il était la personne la plus exubérante que l'on puisse imaginer. Pendant le culte à l'église, il sautait partout – en faisant des bonds plutôt qu'en dansant ! Il a apporté cette exubérance dans nos vies ce jour-là. Il a mis un sourire sur nos visages et de la gratitude dans nos cœurs.

Le christianisme n'est pas une affaire de sérieux et de prudence. C'est avant tout une question de joie. Si une personne n'a pas de joie, elle est encore très immature dans son caractère chrétien. Ce n'est pas seulement avoir de la joie qui compte ; c'est la capacité de transmettre la joie qui nous indique que nous commençons à entrer dans un leadership chrétien efficace. Paul parle d'être « ... des contributeurs de votre joie » (2 Cor 1:24). C'est le but de la prédication. La prédication doit aider les gens à se réjouir. Le but de la prédication est de créer la joie. Il ne sert à rien de prêcher autrement. Nous devons aider les gens à se libérer des choses afin qu'ils puissent jouir pleinement de leur vie et de leur marche avec

Dieu. Imaginez une église dont le seul objectif est d'augmenter la joie absolue de Dieu dans la vie des gens. Le caractère chrétien et le ministère consistent à amener les gens de plus en plus dans la joie. Quand on y pense, c'est évident.

Nous avons un ami sud-africain qui a été rempli de l'amour du Père. Il était à la fois pasteur d'une église dans sa ville et maire. En tant que pasteur, il a constaté que son église ne grandissait pas et il a demandé au Seigneur comment faire grandir l'église. Le Seigneur lui a dit de rejoindre l'équipe de rugby locale. Sachant qu'il était chrétien, les autres joueurs de son équipe ont pensé que c'était un tendre, même s'il jouait au poste le plus difficile du rugby. Puis, au cours d'un match, son homologue de l'autre équipe l'a pris pour cible. À la surprise de son équipe, Kobus a riposté et lui a donné un coup de poing. Cet incident lui a valu le respect de ses coéquipiers et ils sont tous venus à son église.

Kobus est venu à l'une de nos réunions à Pasadena, en Californie, et il a été très impacté par l'amour du Père. Cette expérience l'a vraiment changé et sa prédication dans son église a radicalement changé en conséquence. Le troisième dimanche après son retour de Pasadena, l'un des membres de son église s'est approché de lui après avoir entendu son sermon. L'homme a dit à Kobus : « Je ne viendrai plus dans cette église. Je vais aller dans une autre église de la ville. » Notre ami lui a demandé : « Pourquoi ? » et l'homme a répondu : « Eh bien, quand je venais ici, je repartais toujours avec un sentiment de culpabilité. Mais maintenant que vous prêchez ce 'truc d'amour du Père', je ne me sens plus coupable, alors je vais trouver un prédicateur qui me fera me sentir coupable ! » Quelle idée tordue du christianisme ! Ce type de christianisme se résume à la tâche impossible d'essayer d'amener les gens à la sainteté par la culpabilité et la condamnation.

Chapitre Cinq

Je ne crois pas que le christianisme soit lié à la capacité à transmettre la culpabilité. Parfois, je vois un prédicateur annoncé comme « un orateur très stimulant » ou ayant « un message stimulant ». Je ne veux plus jamais entendre un autre orateur stimulant. Nous avons suffisamment de défis à relever. Nous n'avons pas besoin d'autres défis. Nous avons besoin de puissance et de joie pour relever les défis que la vie nous lance. Je ne veux pas sortir de l'église en me disant que je dois faire mieux – je *dois* – je *devrais* – je *suis obligé*. Je ne veux pas qu'on me mette au défi de faire des choses – je veux découvrir qui est *Dieu* et ce qu'*il* a fait. Parce que lorsque je découvre ce qu'*il* a fait quelque chose en moi lui répond. Lorsque je découvre qui Il est quelque chose en moi ne peut s'empêcher de l'aimer. Il y a des années, alors que j'étais un jeune prédicateur, le Seigneur m'a parlé et m'a dit : « James, ne dis jamais aux gens ce qu'ils doivent faire ou ce qu'ils doivent devenir. Dis-leur *qui je suis* et ce que j'ai fait ! »

Une grande partie du christianisme actuel consiste à dire aux gens ce qu'ils doivent faire et ce qu'ils doivent devenir. J'entends souvent des phrases comme « si l'Église faisait vraiment son travail », « si nous étions vraiment les personnes que nous sommes censés être » ou « c'est ce que Dieu exige de nous. C'est à nous de changer le monde pour lui ». Lorsque j'entends des commentaires de ce genre, je ne suis pas du tout intéressé. Je ne sais pas ce qu'il en est pour vous, mais je ne suis pas quelqu'un qui change le monde. Je suis juste un gars que Dieu a trouvé dans le caniveau. Je n'ai pas le potentiel de changer le monde. Je ne suis pas non plus une personne qui « fait l'histoire ». Je n'ai pas voulu écrire l'histoire ou changer le monde ; j'ai simplement voulu être sauvé parce que j'en avais désespérément besoin. J'ai cru en un Dieu qui m'aimerait et m'aiderait à surmonter le désordre de ma vie. Je ne suis pas entré dans le christianisme pour avoir un impact important sur le monde.

Pourtant, ce que j'ai découvert, c'est que lorsque je m'abandonne de plus en plus à l'amour de Dieu, il change occasionnellement une petite partie du monde *à travers* moi. Cela n'a rien à voir avec moi. Un jour lors d'une conférence, j'ai dit que cela ne m'intéressait pas d'être un « changeur de monde » ou un « faiseur d'histoire », ignorant totalement que la conférence suivante qu'ils avaient organisée s'intitulait « *changeurs de monde et faiseurs d'histoire* » ! Inutile de dire que je n'ai pas été réinvité.

Je suis parfois affligé de voir des jeunes être poussés dans un zèle qui n'est basé que sur l'enthousiasme humain. Ce n'est pas le vrai chemin chrétien. Je sais où cela mène. La vérité est que j'ai déjà emprunté ce chemin et qu'il m'a conduit à la désillusion et au désespoir. J'*ai fait* un burn out pour Dieu. Ce n'était pas du tout ce que l'on pourrait croire. En fait, c'était une expérience horrible et j'ai appris que l'épuisement n'était pas ce que Dieu voulait. Seule la chair peut s'épuiser. Si nous sommes dans l'Esprit, nous serons au repos et nous continuerons à porter du fruit. La vérité, c'est que nous sommes censés aller de foi en foi et de gloire en gloire, en étant continuellement transformés à son image. Le christianisme consiste à devenir comme Jésus et une grande part de cette transformation consiste à être rempli de joie.

L'une des principales caractéristiques du caractère chrétien est d'apprécier grandement sa vie et sa marche avec Dieu. Si vous vivez votre vie dans un carcan de bonne conduite, vous ne l'apprécierez certainement pas.

Le contentement

La véritable maturité chrétienne est marquée par **le contentement**. Cette caractéristique est étrangère à beaucoup de gens mais c'est la qualité la plus recherchée dans la vie d'une personne. Il ne s'agit pas tant de bonheur. Le bonheur peut aller et venir, mais le contentement est l'acceptation paisible de la situation dans laquelle je me trouve dans ma vie – voilà qui je suis, voilà où j'en suis actuellement, et je suis content d'être ainsi. Paul en parle dans Philippiens 4:11,12 :

> *…car j'ai appris à être content de l'état où je me trouve. Je sais vivre dans l'humiliation, et je sais vivre dans l'abondance. En tout et partout j'ai appris à être rassasié et à avoir faim, à être dans l'abondance et à être dans la disette.*

Il y a encore des domaines de ma vie qui ne me satisfont pas, mais par rapport à ce que j'étais avant, j'ai changé de manière significative. Je crois que Dieu veut nous amener à un lieu de contentement. Le contentement est vraiment l'un des aspects essentiels du caractère chrétien. Nous devons comprendre que le contentement n'exige pas que tout aille bien dans notre vie. Au contraire, il s'agit d'avoir la paix lorsque les choses sont loin d'être parfaites et ne vont pas bien, lorsqu'il y a des attentes et des besoins. Paul a appris à être satisfait au milieu de grands besoins et de grandes difficultés.

Je crois vraiment que nous ne pouvons pas avoir ce contentement sans faire l'expérience de l'amour du Père. Son amour est vraiment la seule chose qui transcende en fin de compte les problèmes de ce monde. Lorsque la réalité de l'amour du Père commence à éclipser vos propres réactions émotionnelles aux problèmes que ce monde vous pose, vous constaterez que le contentement commence à s'établir dans votre cœur.

Je crois que nous devons exercer notre ministère à partir d'un lieu de contentement plutôt que d'utiliser le ministère comme un moyen de nous satisfaire. Jésus a dit : « Heureux les artisans de paix ! » Un artisan de paix est une personne qui est tellement remplie de paix qu'elle se répand partout. Lorsque cette personne entre dans une pièce, la paix y descend. Il faut avoir la paix pour pouvoir l'apporter. La paix change l'atmosphère. L'esprit d'un croyant se répand dans l'atmosphère qui l'entoure. Le fruit de l'Esprit est une arme offensive dans notre guerre. Nous pensons souvent que les armes de notre combat sont l'épée de la Parole de Dieu. Mais c'est cette Parole faite chair en nous qui est efficace dans la guerre. Lorsque vous avez en vous une joie telle que les circonstances ne peuvent l'atténuer, vous êtes en train de vaincre l'ennemi. Lorsque quelqu'un est vraiment en colère contre vous et que vous êtes totalement en paix dans votre cœur, vous désarmez cette colère. Le contentement vaincra la tentation que Satan déploie pour vous piéger.

Avoir un cœur de fils consiste à manifester le Père de telle sorte que les gens touchent réellement la réalité du Père à travers nous. Non seulement le contentement est merveilleux pour votre propre vie mais il affectera aussi les autres, les amenant à la paix et au repos. Le contentement est une arme offensive dans notre guerre contre l'ennemi. Les meilleures armes dans le combat spirituel sont la paix, la joie et le contentement. C'est la Parole qui se fait chair dans nos vies. Je vois trop d'agitation dans l'Église d'aujourd'hui souvent motivée et dirigée par les activités. Des plans, des visions, des objectifs, des appels et des missions qui ne sont souvent que les résultats frustrés de cœurs insatisfaits. Nous devons apporter à l'Église le contentement de Paul. Lorsque l'Église entrera dans le même contentement et le même repos que Paul, elle commencera à obtenir les mêmes résultats que lui.

Chapitre Cinq

LE SYSTÈME DE VALEUR DU PÈRE

La véritable question du caractère chrétien est la suivante : à quoi ressemble la nature de Dieu ? Le véritable caractère chrétien consiste à afficher la nature de Dieu, à lui ressembler en l'accueillant dans nos cœurs. Le cœur d'orphelin est fondamentalement insécure – et l'insécurité s'accroche à des choses comme la réputation et l'argent pour se sentir en sécurité. Je crois que c'est à cela que fait référence la parabole de Jésus en Luc 12:15-21 :

> *Puis il leur dit : Gardez-vous avec soin de toute avarice ; car la vie d'un homme ne dépend pas de ses biens, fût-il dans l'abondance. Et il leur dit cette parabole : Les terres d'un homme riche avaient beaucoup rapporté. Et il raisonnait en lui-même, disant : Que ferai-je ? car je n'ai pas de place pour serrer ma récolte. Voici, dit-il, ce que je ferai : j'abattrai mes greniers, j'en bâtirai de plus grands, j'y amasserai toute ma récolte et tous mes biens ; et je dirai à mon âme : Mon âme, tu as beaucoup de biens en réserve pour plusieurs années ; repose-toi, mange, bois, et réjouis-toi. Mais Dieu lui dit : Insensé ! cette nuit même ton âme te sera redemandée ; et ce que tu as préparé, pour qui cela sera-t-il ? Il en est ainsi de celui qui amasse des trésors pour lui-même, et qui n'est pas riche pour Dieu.*

Cet homme économisait pour sa retraite et le Seigneur lui a dit : « Insensé ! » C'est un langage très fort. L'argent est important mais il est important pour ce que *Dieu* veut en faire et pas seulement pour ce que l'insécurité et le cœur d'orphelin pourrait faire avec.

Lorsque nous lisons que Jésus a honoré la veuve qui a donné les deux deniers nous voyons en réalité le système de valeurs du Père. Si nous marchons à la manière de Jésus – selon les valeurs et les désirs du Père – notre capacité d'intimité avec Dieu le Père est multipliée. Le même principe fonctionne dans nos propres vies humaines. Par exemple, lorsque j'étais plus jeune, j'aimais jouer au tennis de table. J'ai constaté que je passais plus de temps avec des personnes qui aimaient jouer au ping-pong. Ceux qui ont les mêmes centres d'intérêt que moi me fréquentent automatiquement plus que ceux qui ne les ont pas. Ce que je veux dire, c'est que notre intérêt et notre attachement communs pour le tennis de table ont encouragé la camaraderie. De la même manière, comprendre ce qui réjouit le cœur du Père développera l'intimité avec lui. Si vous avez dans votre cœur quelque chose qui ne correspond pas aux valeurs de votre Père céleste, il y aura une ombre dans votre intimité avec lui. Mais lorsque vous et lui serez en harmonie, vous ferez l'expérience de la communion avec lui. C'est ainsi que fonctionne la vie de fils. Si vous êtes généreux, vous ferez l'expérience de la proximité avec votre Père, qui est lui aussi généreux. Si vous êtes frugal et économe, vous ne vous identifierez pas à votre Père céleste *si prodigue*. Chaque fois que des questions d'argent se poseront, vous ne serez pas en harmonie avec lui.

MARCHER DANS L'ESPRIT

Je vous invite à exorciser de votre esprit ce vieux paradigme du caractère chrétien qui consiste à avoir un cœur d'orphelin et un cœur de serviteur. Si vous adhérez à cette vieille mentalité, elle vous liera à la réputation, à la surveillance constante de votre propre développement et à la tentative de vivre la vie par vos propres efforts humains. Le danger subtil de cette attitude est que, même si vous avez Dieu pour objectif, vous vivez par un effort humain. Vivre selon les principes chrétiens, c'est en fait vivre de l'Arbre de la Connaissance du Bien et du Mal. La vérité est que nous devons marcher par l'Esprit et *non* par des principes. Si vous vivez selon des principes chrétiens, vous finirez par être déçus parce que vous ne vivez pas en relation avec Dieu.

Nous ne devons pas non plus marcher «dans la Parole». Nous ne devons pas obéir à la bible simplement parce qu'elle dit quelque chose. Nous marchons *selon* la Parole, mais nous marchons *dans* l'Esprit. Si la Parole condamne quelque chose, nous savons que nous ne marchons pas dans l'Esprit – mais obéir à la Parole n'est pas la même chose que marcher dans l'Esprit. Marcher dans l'Esprit sera *toujours* conforme à la Parole, mais l'inverse n'est pas vrai. Le fait de vivre par la Parole ne signifie pas nécessairement que l'on est dans l'Esprit. Marcher dans l'Esprit vous conduira *toujours* à vivre selon l'Écriture, mais l'inverse n'est pas nécessairement vrai. Je connais beaucoup de gens qui prétendent être fidèles à la Parole mais qui n'ont aucune idée de ce que dit le Saint-Esprit.

Qu'est-ce que marcher dans l'Esprit ? C'est l'amour de Dieu qui se déverse dans nos cœurs. Lorsque nous marchons dans l'amour du Père qui se déverse continuellement dans nos cœurs, *nous marchons dans l'Esprit*. C'est la vie que Jésus a vécu. C'est la loi de l'Esprit de vie dans le Christ Jésus. Puissions-nous avoir la capacité de voir ce que c'est que de marcher comme Jésus a marché – d'être libres de principes, d'instructions et de règles. Que Dieu nous libère de cette emprise des attentes du monde et des valeurs orphelines pour que nous soyons vraiment ses fils et ses filles. La glorieuse liberté des fils de Dieu est en dehors des limites, des structures et des prisons de principes et de lois, aussi justes qu'ils puissent paraître. Il veut que nous soyons libres de danser avec lui, car seul l'amour est totalement libre.

Un jour, j'ai été frappé par une chose à la fois surprenante et libératrice. De nombreux enseignants de la bible m'avaient fortement influencé en me disant que pour vivre la vie chrétienne avec succès, je devais faire ce que la bible (en particulier le Nouveau Testament) disait. Mais le fait est qu'aucun des apôtres n'a jamais lu le Nouveau Testament – pas même une seule fois. Ils n'ont pas vécu leur vie chrétienne en obéissant à la Parole. Ils n'ont pas lu le Nouveau Testament – ils l'ont écrit ! Ils ont marché dans l'Esprit et l'Esprit les a conduits à vivre et à apprendre beaucoup de choses. Ces choses, ils les ont écrites et c'est ce qui est devenu le Nouveau Testament. Marcher dans l'Esprit de Dieu nous amènera aussi à marcher selon ce qu'ils ont vécu. Et l'amour de Dieu qui débordait d'eux débordera de nous aussi !

CHAPITRE SIX

Vaincre le Monde – La Bataille des Émotions

∽

Au fur et à mesure que nous faisons l'expérience de l'amour du Père et que nous marchons dans cet amour, notre perspective du christianisme change profondément. Dieu nous rétablit dans la réalité de ce qu'est véritablement le christianisme. Je voudrais examiner un verset particulier que je n'ai jamais vraiment compris et qui me frustrait beaucoup. C'est le dernier verset de Jean 16. Il s'agit probablement du dernier enseignement de la vie terrestre de Jésus, avant sa crucifixion. Il est donc très important. Il est suivi d'une prière à son Père, mais il renferme bien les dernières paroles d'enseignement à ses disciples. Il dit :

> *Je vous ai dit ces choses, afin que vous ayez la paix en moi. Vous aurez des tribulations dans le monde ; mais prenez courage, j'ai vaincu le monde.*

Lorsque je lisais ces paroles, elles me posaient un problème. Je ne contestais pas le fait que Jésus ait dit : « Dans le monde, vous aurez des épreuves » – j'étais tout à fait d'accord avec cela ! Cette déclaration est tellement vraie ! Permettez-moi de vous confier un secret : la tribulation ne s'arrêtera jamais. Vous *aurez* des problèmes dans ce monde. Je suis chrétien depuis plus de quarante ans et je peux vous dire que cette réalité m'a accompagné tout au long de ma vie chrétienne. Mais il est de beaucoup préférable de traverser ces épreuves avec le Seigneur que sans lui. Le simple fait de savoir qu'il existe est une aide. Malgré cela, il y aura toujours des difficultés. Lorsque Jésus déclare que vous aurez des tribulations dans le monde, il veut dire que vous aurez des épreuves. Ce monde va constamment vous jeter des choses à la figure.

Puis il dit ces mots : « Prenez courage, j'ai vaincu le monde. » Lorsque j'ai lu cela pour la première fois, ma première pensée a été : « *Eh bien, tant mieux pour toi, Jésus ! – Tu as peut-être vaincu le monde, mais pas moi !* » Il semble que le monde ne cesse de me jeter des choses à la figure et ce n'est ni facile ni amusant.

Le problème avec ce monde qui vous jette des choses sans cesse est le suivant : cela vous affecte émotionnellement. Vous vous apercevez que vos émotions vous entraînent dans les montagnes russes de la vie. Il y a des périodes d'épuisement et des périodes de dépression, ainsi que de la peur, de l'inquiétude et de la douleur mélangées à la plénitude et à la joie. C'est ainsi. Pour y faire face, certaines personnes étouffent leurs émotions afin de ne rien ressentir. Parfois, lorsque les gens sont très blessés dans la vie, ils cautérisent leurs émotions parce qu'ils ne peuvent pas supporter la douleur. Ils ne veulent plus souffrir ces sentiments négatifs. Cependant, en agissant de la sorte, vous refoulez *toutes* vos émotions. Vous ne pouvez pas repousser les émotions négatives et maintenir les émotions positives en vie. Certaines personnes pensent qu'il vaut mieux ne pas être heureux tant que l'on n'est pas triste non plus. Cependant, vos émotions peuvent aussi être une source de grande bénédiction dans votre vie. Se réjouir pleinement de quelque chose est merveilleux. Le problème, c'est que cette joie se paie par la capacité à être dévasté.

Aussi lorsque Jésus dit : « Prenez courage, j'ai vaincu le monde », j'ai répondu : « *C'est très bien pour toi – mais moi, je n'ai pas vaincu le monde !* » Ma difficulté était que ce monde continuait de troubler mes émotions. Jésus a vaincu le monde, mais en quoi cela me concerne-t-il ?

Comment puis-*je* vaincre le monde ?

Je ne crois pas que nous puissions avoir une réponse adéquate et complète à cette question tant que nous n'avons pas compris et reçu l'amour du Père. L'évolution du christianisme fait que nous commençons à comprendre et à avoir accès à des notions auxquelles nous n'avions pas accès auparavant. Avant la Réforme, les gens n'avaient pas accès à la libération de la culpabilité tant qu'ils n'avaient pas eu la révélation des péchés pardonnés. Les gens vivaient alors sans savoir comment se débarrasser de ce sentiment de culpabilité. Maintenant que nous comprenons la mort de Jésus sur la croix, le pardon de Dieu avec la justification par la foi et la purification de notre conscience par son sang, nous pouvons vraiment être libérés de la culpabilité. C'est une vérité merveilleuse ! Tant que vous ne connaissez pas cette vérité, vous ne pouvez pas entrer dans la provision qu'elle vous a assurée.

LE SALUT DE VOTRE ÂME

L'amour du Père nous fait vivre une expérience de chrétienté inédite. Il s'est passé tant de choses lorsque Jésus est mort sur la croix. Permettez-moi de souligner quelques-unes de ces réalités.

L'une d'elles qui s'est produite lorsque Jésus est mort sur la croix, c'est qu'il a vaincu le pouvoir du péché. Lorsqu'il est mort et a versé son sang, ce sang est devenu disponible pour nous. Il a vaincu

Chapitre Six

le péché lui-même et, ce faisant, il a rendu accessible à chacun d'entre nous de pouvoir le vaincre. Il nous a apporté la liberté avec l'expérience des péchés pardonnés.

En mourant sur la croix, Jésus a vaincu le pouvoir de Satan. Satan avait un pouvoir et une autorité avant la mort de Jésus qu'il a complètement perdus par la suite.

En ressuscitant d'entre les morts, Jésus a vaincu le pouvoir de la mort. La mort n'a plus sur nous l'emprise qu'elle avait avant la mort et la résurrection de Jésus.

Jésus a vaincu beaucoup de choses dont nous avons une certaine compréhension mais l'une des choses que je n'ai pas comprise pendant de nombreuses années c'est comment il a vaincu *le monde*. Lorsqu'il est mort sur la croix, il a vaincu et brisé le pouvoir du monde sur lui et il a ouvert la porte pour que nous puissions briser le pouvoir du monde sur nous. Que voulait-il dire en disant : « J'ai vaincu *le monde* » ?

Pour introduire mon propos, regardons les choses sous un autre angle. La bible parle de trois aspects dont nous sommes sauvés. L'Écriture dit : tu *as été* sauvé, tu *es en train d'être* sauvé et tu *seras* sauvé (Eph 2:5-8, 2 Tim 1:9, Tit 3:5 ; 1 Cor 1:18, 1 Cor 15:12, 2 Cor 2:15 ; Rom 8:23, 1 Thess 5:23). Ces textes parlent de trois aspects différents du salut. Premièrement, lorsque Jésus est entré dans votre vie et que votre esprit s'est connecté à lui, vous avez été sauvé. C'est une « affaire réglée » pour l'éternité. Votre salut et votre destinée éternelle ont été assurés et ne peuvent pas vous être enlevés. Vous *avez été* sauvé. Votre esprit a été sauvé.

Deuxièmement, votre *âme* est *en train d'être* sauvée. Lorsque

Philippiens 2:12 dit : « ...travaillez à votre salut avec crainte et tremblement », il parle du processus de salut de l'âme. Nous y reviendrons dans une minute.

Troisièmement, en ce qui concerne notre corps, nous n'avons pas encore commencé à être sauvés. Un temps viendra où nos corps seront sauvés. Certains d'entre nous ont des rides sur le visage qui n'existaient pas auparavant. La gravité semble gagner du terrain et nos poitrines tombent vers nos ventres ! Votre corps vieillit et finira par mourir.

Mais un jour viendra où vous aurez un nouveau corps. J'espère que je serai en pleine forme sans avoir à faire d'exercice. J'espère que je pourrai manger ce que je veux tout en restant en bonne santé ! Il est très clair que notre corps doit encore être sauvé.

Ce sur quoi je veux me concentrer ici c'est sur le thème de nos vies *en train d'être* transformé – nos âmes. Dieu travaille à sauver nos âmes et à amener la vie de nos âmes à la rédemption. L'âme est constituée de la pensée, de la volonté et des émotions. Lorsque nous la définissons de cette manière, nous pouvons voir comment Dieu travaille dans ces trois domaines distincts. Je crois que, jusqu'à présent, nous l'avons vu travailler principalement dans deux de ces domaines – la pensée et la volonté.

Lorsque vous devenez chrétien, l'une des choses dont vous vous rendez compte dès les premiers instants, c'est que Dieu veut changer votre façon de penser. Il travaille à transformer votre façon de penser afin que vous ayez la pensée de Christ. Autrement dit, jusqu'à ce que vous commenciez à penser comme Dieu pense. L'œuvre de l'Esprit est de nous enseigner *comment* Dieu pense et de nous révéler ce *qu*'il pense afin que nous puissions commencer à comprendre ce que signifie marcher en accord avec lui. L'un des versets les plus significatifs pour moi est Romains 3.4 : « …Que Dieu, au contraire, soit reconnu pour vrai, et tout homme pour menteur ». Ce verset très puissant nous dit que la priorité de Dieu dans nos vies est que nous puissions embrasser *sa* vérité. Il veut que nous voyions les choses de son point de vue et que nous laissions tomber tout ce qui est contraire. En d'autres termes, tout ce qui n'est pas sa façon de penser est un mensonge !

Je me souviens d'une fois où je parlais au Seigneur du parler en langues. J'ai été baptisé dans l'Esprit et je parlais en langues depuis un certain temps. Cependant, après quelques années, le parler en langues me semblait inutile et ennuyeux. Un jour, j'ai lu le passage de 1 Corinthiens 14:4 où Paul dit : « Celui qui parle en langue inconnue s'édifie lui-même », ce qui signifie « s'édifier soi-même » dans sa foi. Lorsque j'ai lu ce verset, j'ai dit au Seigneur : « Cela ne marche pas pour moi, Seigneur. Je parle en langues et je trouve cela plutôt ennuyeux ! » Dès que j'ai dit cela, le verset s'est à nouveau fermement imprimé dans ma pensée : « Celui qui parle en langue inconnue *s'édifie* lui-même », et j'ai répété : « Ça ne marche pas pour moi ». Une nouvelle fois, le Seigneur m'a répété le verset et j'ai répondu la même chose. Puis, aussi clairement qu'une cloche, le Seigneur m'a dit : « *L'un de nous deux* ment. »

N'est-ce pas merveilleux ? Il nous traite avec tant de bonté. Il m'a parlé de la manière la plus gentille que l'on puisse imaginer. J'ai donc dit : « Seigneur, je suis désolé. Ta Parole est vraie. Même si je ne la ressens pas, elle est toujours vraie. » J'ai alors commencé à parler en langues, croyant que j'étais édifié ; et j'ai expérimenté que j'étais encouragé dans mon cœur. Si vous êtes en contradiction avec ce que Dieu dit, vous n'expérimenterez pas ce qu'il a pour vous. Vous devez être transformé dans votre façon de penser et renouvelé dans votre intelligence. L'un des grands changements pour Denise et moi, lorsque nous avons rencontré Jack Winter, a été de croire que l'argent pouvait nous parvenir de manière surnaturelle et non par les voies du capitalisme. En d'autres termes, que pour obtenir l'argent, il n'était pas nécessaire de mettre en place un mécanisme permettant de générer des profits. Jack a commencé à nous parler de la foi pour les finances, de sa foi en une provision surnaturelle de la part de Dieu. J'ai vu de l'argent porté par le vent le long de la rue, jusque dans ma main tendue ! Croyez-le ou non, l'argent pousse sur les arbres ! Nous avons besoin d'une pensée reprogrammée pour qu'elle soit semblable à celle de Dieu. Nous avons un Père extrêmement riche. Si vous croyez que l'argent est toujours lié au capitalisme, vous serez enfermé dans ce système. Votre foi sera dans ce système plutôt qu'en Dieu.

Dieu reprogrammera votre pensée principalement en vous nourrissant par la lecture de la bible. Si vous continuez à lire la bible, vous serez transformé par l'Esprit dans vos pensées. Une autre façon pour Dieu de transformer vos pensées est d'être dans un environnement où les Écritures sont prêchées. Si vous allez dans une église qui mélange les philosophies des hommes avec la Parole de Dieu, vos pensées ne seront pas transformées par la pensée de Christ. Il y a une bataille dans vos pensées.

Il y a aussi une bataille pour votre volonté. Lorsque nous venons à Jésus, notre volonté ne lui est pas soumise. Notre volonté veut faire ce qu'elle veut dans toutes sortes de domaines. Notre volonté peut être complètement indomptée et fluctuer énormément. Nous pouvons être disciplinés dans certains domaines mais pas dans d'autres. Nous pouvons nous efforcer de consacrer notre vie à la volonté de Dieu à un moment donné et insister pour faire ce qui nous plaît le lendemain. Nous pouvons nous consacrer à Dieu par bravade plutôt que par foi authentique et vivre dans une pseudo-consécration.

Dieu veut nous amener au point où nous abandonnons notre volonté à la sienne, peu importe qui s'oppose à nous. Il y a un verset quelque part dans l'Exode qui dit : « Ne suis pas la foule pour faire le mal ». En d'autres termes, si des milliers de personnes s'apprêtent à faire quelque chose que vous savez être mauvais, soyez suffisamment maîtres de vous-mêmes pour y résister. Dieu travaille sur notre volonté pour l'aligner sur la sienne. Il s'agit d'un processus continu tout au long de la vie, au fur et à mesure que nous sommes confrontés à différents choix. Ce sont des choix qui vous sont propres et qui sont cruciaux pour déterminer l'issue de la bataille pour votre volonté. Il y aura une lutte jusqu'à ce que vous arriviez à ce point – et vous y arriverez – où vous aimez véritablement ce que Dieu aime faire et où il n'y aura alors plus de bataille.

Il n'y a de bataille dans votre volonté que lorsque Dieu veut que vous fassiez quelque chose que vous ne voulez vraiment pas faire. C'est là que se trouve la bataille. Lorsque j'étais un jeune chrétien, ma principale bataille concernait ma vie de chasseur professionnel. Je savais que le Seigneur me parlait d'abandonner complètement ce métier. Il m'a fallu un certain temps pour m'en rendre compte, mais il est arrivé un jour où la question s'est posée pour atteindre un point culminant. Un soir où nous recevions des visiteurs et j'étais tellement travaillé dans mon cœur que je ne pouvais plus agir normalement. Je me suis excusé, je suis allé dans la chambre pour m'agenouiller près du lit en pleurant. J'étais confronté à la réalité de ce que Dieu voulait que je fasse et je n'arrivais pas à le faire. Il attendait de moi que je brûle mes journaux et mes photos, que je me débarrasse de mon fusil et que je détruise les bois de cerf que j'avais accumulés au cours de mes années de chasse.

J'étais prisonnier de la lutte entre le désir de faire la volonté de Dieu et celui de conserver mes biens. Ces objets constituaient les signes de toute mon identité. Certaines personnes vont à la chasse mais moi j'étais un *chasseur*. Il y a une grande différence entre les deux. Soudain, la présence du Seigneur est entrée dans la pièce et j'ai été rempli de joie en sa présence. Mes larmes se sont transformées en rires et la joie du Seigneur m'a rempli. Lorsqu'elle a atteint son paroxysme, le Seigneur m'a parlé et m'a dit : « Fais-le maintenant pendant que tu en as la force ». Immédiatement et sans hésitation, je suis allé dans l'armoire et j'ai pris mes journaux et mes photos dans lesquels j'avais raconté tous mes séjours dans les montagnes. Toute ma vie était dans ces livres. Je les ai pris et je suis allé directement dans le salon, je les ai déchirés en morceaux, je me suis agenouillé et je les ai mis sur le feu. Pendant qu'ils brûlaient, j'étais à nouveau rempli de joie. Je n'avais pas réalisé à quel point ces choses me liaient. J'étais lié à une identité de chasseur et il m'a libéré pour me donner une identité d'homme de Dieu. Le Seigneur ne vous mettra au défi que pour vous débarrasser de ce qui vous entrave. Il ne vous enlèvera jamais ce qui est une bénédiction pour vous. Il veut se débarrasser des choses qui l'empêchent de vous bénir davantage. Voilà un exemple où j'ai abandonné ma volonté à celle de Dieu pour ma vie. Si vous lui répondez dans ces moments de choix, vous gagnerez la bataille de votre volonté.

La bataille pour vos émotions

Les batailles dans nos pensées et pour notre volonté sont des batailles très courantes pour chacun d'entre nous. L'autre composante de notre âme ce sont nos émotions et il y a aussi une bataille dans ce domaine. Cependant, je ne crois pas que nous ayons la clé pour gagner cette bataille – *jusqu'à ce que nous ayons appris à connaître et à expérimenter l'amour du Père*. La plupart des chrétiens croient qu'il faut renouveler son intelligence, abandonner sa volonté et simplement se discipliner dans sa vie émotionnelle. En d'autres termes, il faut croire la vérité avec suffisamment de détermination pour que vos émotions soient ce qu'elles sont censées être. En y croyant suffisamment fort au niveau de vos pensées, vous aurez la paix dans votre cœur, la patience, la bonté, la longanimité et le reste. Nous disons souvent : « J'ai besoin de plus de patience », mais laissez-moi vous dire – vous ne pouvez pas l'obtenir ! Aucune provision n'est prévue pour la patience. La patience est un sous-produit de quelque chose d'autre. Il en va de même pour la joie, la bonté et la gentillesse. Ce sont des fruits. Ils proviennent d'autre chose. Le fruit de l'Esprit est porté par les émotions et s'exprime. Le fruit de l'Esprit est le produit d'une émotion plus importante.

Nos émotions font l'objet d'une bataille. En réalité, nos vies spirituelles sont ballottées par nos émotions. N'aimeriez-vous pas sortir des montagnes russes de vos émotions ? N'aimeriez-vous pas être dans un endroit où vos émotions ne vous dictent rien ?

Je comprends bien cette bataille. Elle a été très concrète pour moi personnellement. J'ai découvert qu'essayer d'étouffer et de contrôler les émotions peut fonctionner pendant un certain temps, mais il arrivera un jour où les choses se gâteront. Une situation se présentera, vous submergera et le barrage cèdera. Vous vous rendrez compte que vous n'avez aucun contrôle sur vos émotions. Mais je peux vous dire ceci : le Seigneur *a prévu* quelque chose.

Ce verset où Jésus dit : « Prenez courage, j'ai vaincu le monde », qu'est-ce que cela signifie ? Comment Jésus a-t-il vaincu le monde ? Il s'agit de la bataille pour *ses* émotions. Satan voulait le contrôler, mais Jésus lui a résisté. Le péché n'avait aucun contrôle sur lui, mais il a également empêché *le monde* d'exercer une quelconque influence sur lui – il l'a vaincu.

Lorsque nous examinons la vie de Jésus, la réalité est la suivante. Dans les derniers jours qui ont précédé sa crucifixion, Satan a lancé contre lui tout ce que le monde pouvait jeter sur un être humain. Jésus a vécu les années de son ministère en ayant vaincu le tentateur au commencement, mais il a ensuite dit : « le prince du monde vient. Il n'a rien en moi » (Jean 14:30). Jésus savait que celui qui était la puissance dirigeante du système mondial allait revenir pour essayer de l'influencer. Jésus savait que Satan déchaînerait tout ce qu'il pouvait rassembler dans le monde entier pour le détourner de l'accomplissement de la volonté du Père. Dans Éphésiens 2, Satan est appelé « ...le prince de la puissance de l'air, de l'esprit qui agit maintenant dans les fils de la rébellion ». Un autre passage (Ap 12.9) appelle Satan « celui qui séduit toute la terre ». Il est l'esprit du monde, influençant son fonctionnement. Satan fait en sorte que le monde suive sa voie.

Lorsque nous vivions dans le monde, nous étions totalement sans défense face à lui. Tant que vous n'êtes pas né de nouveau, vous ne pouvez pas vous libérer du monde. En fait, il se peut que vous ne croyiez même pas à l'existence de Satan jusqu'à ce que vous naissiez de nouveau ; c'est alors que vous réalisez que vous avez été sauvés de ses griffes et que vous commencez à vous en libérer.

Jésus savait que le moment était imminent où Satan déclencherait son attaque finale. Cette attaque a commencé dans le jardin de Gethsémané. Dans ce jardin, Jésus a crié à son Père : « ...s'il est possible que cette coupe s'éloigne de moi. » En d'autres termes, « S'il est possible que je n'aie pas à subir ce qui va arriver – qu'elle s'éloigne de moi ». Ensuite il s'est abandonné à la volonté du Père. La « coupe » dont il a demandé à être épargné n'était *pas* la coupe de la crucifixion. La « coupe » dont il parlait était la coupe du péché qu'il allait endosser. En tant qu'Agneau de Dieu, tous les péchés passés, présents et futurs de la race humaine ont été mis sur Lui.

Je ne peux pas imaginer ce que cela a été pour Jésus de se voir imposer les péchés de tous les temps. La culpabilité et le désespoir accumulés par les péchés de tous les temps se sont abattus sur Jésus dans ses émotions, là, dans le jardin de Gethsémané. Le choc et le traumatisme ressenti l'ont fait transpirer des gouttes de sang. Le péché fait peser un terrible fardeau sur l'individu. Lorsque j'ai été sauvé, j'ai ressenti un tel soulagement lorsque le fardeau du péché m'a été enlevé. À l'époque, je n'avais pas réalisé où il était allé. Il est allé sur Jésus ! C'est une chose inimaginable. La bible dit que Jésus est *devenu* péché. En d'autres termes, il a subi les conséquences de tous les péchés du monde entier dans tous les temps. Le Saint est devenu péché. L'horreur de cette expérience s'est produite à Gethsémané. Il a immédiatement perdu le sens de la présence de son Père. Il a été attrapé et battu. Vous avez peut-être vu le film « *La Passion du Christ* », ce film n'en montre pas la moitié. Il a été battu à coups de bâton, ce qui aurait rendu son visage méconnaissable. Puis les Romains l'ont fouetté. Le fouet romain était beaucoup plus sévère que tous les autres. Ils utilisaient un fouet muni de crochets, de lames et de morceaux d'os entrelacés. Il pouvait séparer la chair de l'os et si une personne n'en mourait pas, elle était certainement estropiée à vie.

L'une des plus grandes souffrances de Jésus a été d'entendre les chefs d'Israël crier sans cesse : « Crucifie-le ! Crucifie-le ! » Il s'agissait des chefs d'Israël, qu'il aimait comme une épouse. En vérité, Satan a fait tout ce qu'il pouvait pour que le Fils de Dieu perde ses émotions. Mais Jésus est resté cloué à la croix, plus préoccupé des autres que de lui-même. Il s'est préoccupé de sa mère et de Jean. Il s'est soucié du voleur qui se trouvait à ses côtés. Il a prié pour ceux qui l'ont crucifié. Au milieu de tout cela, il a continué à faire la volonté parfaite du Père et n'a jamais « perdu la tête » émotionnellement. Hébreux 12:2 nous dit : « ...qui, en vue de la joie qui lui était réservée, a souffert la croix, méprisé l'ignominie. » Ses réactions étaient parfaites. Il ne s'est jamais mis en colère, ne s'est jamais apitoyé sur son sort, n'a jamais abandonné son objectif. Il a continué à tout faire parfaitement dans le tourment émotionnel le plus extrême auquel un être humain n'ait jamais été confronté. Il a surmonté tout ce que le monde a utilisé pour le détruire en ne se laissant pas affecter par les émotions, en ne cédant pas à des réponses charnelles.

Comment Jésus a vaincu le monde

La question qui me vient à l'esprit est la suivante : comment a-t-il fait ? Comment a-t-il réussi à garder son équilibre ? Je crois que Jésus a pu traverser tout cela parce qu'il avait une histoire avec le Père. Il était absolument solide et sûr dans son expérience de l'amour du Père pour lui. Il était inébranlablement convaincu d'être aimé par tout l'Amour de l'univers. Et *cet* amour lui a donné la stabilité nécessaire pour endurer tout ce qu'il a enduré.

La nouvelle alliance *est* l'amour de Dieu répandu dans nos cœurs. Alors que son amour continue à se déverser dans votre cœur et à s'y accumuler, son amour pour vous deviendra plus réel que les problèmes que le monde vous réserve. La réalité émotionnelle de l'amour du Père éclipsera finalement le tumulte émotionnel de votre vie. Son amour pour vous deviendra la réalité suprême. Vous serez tellement influencés par Son amour pour vous qu'il produira automatiquement de la joie, même face à l'agitation des problèmes de la vie dans ce monde.

Chapitre Six

Je me souviens d'une dame qui participait à l'une de nos réunions. Elle avait eu un accident de voiture sur le chemin de la réunion et elle était très nerveuse à l'idée d'annoncer la nouvelle à son mari. L'amour du Père l'a frappée pendant la réunion et lorsqu'elle s'est mise à rire, son anxiété s'est envolée. L'amour du Père est devenu de plus en plus réel pour elle et l'a remplie de joie. L'amour du Père déversé dans votre cœur entraînera automatiquement un changement de vos émotions !

Son amour déversé dans votre cœur va vous rendre joyeux même lorsque les choses semblent aller mal autour de vous. Vous ne serez jamais débarrassé des tribulations du monde. Elles continueront à se produire tout au long de votre vie, mais son amour en éclipsera *l'effet*. La plupart d'entre nous essaient de résoudre leurs problèmes internes en essayant de résoudre les problèmes externes. Nous pensons que si tout est en paix à l'extérieur, nous serons en paix dans notre cœur. Si je parviens à rendre tout ce qui m'entoure heureux alors *je* serai heureux. Si je parviens à ce que tout aille bien à l'extérieur, je me sentirai bien à l'intérieur. Si tout est structuré de manière à minimiser les frustrations alors je ne serai pas frustré intérieurement. Si je peux empêcher les autres d'être contrariants, alors je pourrai être libre de la frustration. Nous essayons de régler les aspects extérieurs de la vie afin d'être en paix. C'est la raison d'être des disputes et des bagarres. Le manque d'harmonie et l'agressivité entre les gens sont dus au fait que si je peux faire en sorte que *l'autre* le fasse correctement, je serai heureux.

Le fait est que l'autre continuera *toujours* de faire mal. Les personnes qui vous entourent ne feront *jamais* les choses comme vous le souhaitez. Ils feront toujours des choses qui vous frustreront. Dans ce monde, vous *aurez* des tribulations. Il n'en sera jamais autrement. C'est la meilleure nouvelle que vous puissiez avoir ! Pourquoi ? Parce que vous pouvez alors commencer à y faire face. Si vous croyez que les choses vont changer, vous attendrez le jour où tout ira mieux. Vous attendrez le jour où votre mari ou votre femme changera ou le jour où vos enfants comprendront enfin le message. Vous attendrez le jour où vous aurez un nouveau patron ou un nouveau travail, ou le jour où vous aurez enfin la voiture que vous voulez vraiment. Vous attendrez toujours le jour où tout sera parfait.

Pouvez-vous saisir et comprendre que, peu importe ce qui change effectivement en mieux, quelque chose d'autre de mauvais arrivera ? Dans ce monde, vous *aurez* des tribulations. Cela va continuer, et il en sera de même pour le reste de votre vie. Cependant, si le feu brûle à l'intérieur, vous ne sentirez pas le froid à l'extérieur. Si vous avez la paix à *l'intérieur*, l'agitation à l'extérieur ne vous affectera pas. Si vous avez la joie intérieure, les circonstances peuvent changer, mais *rien* n'ébranlera cette joie dans votre cœur. Si vous êtes rempli de la substance de son amour à l'intérieur, alors les problèmes de la vie ne vous ébranleront pas.

Vaincre le monde n'est pas la même chose que le réparer. Beaucoup de gens veulent réparer le monde. Ils veulent réparer le système politique. Ils veulent faire entrer le bon parti au gouvernement ou le bon président au pouvoir. Beaucoup de chrétiens essaient de réparer le monde. Nous pensons que si nous parvenons enfin à réparer le monde qui nous entoure, alors nous pourrons tous être en paix. La vérité c'est que cela n'arrivera jamais.

LA VICTOIRE QUI TRIOMPHE DU MONDE

Quelles que soient les tempêtes qui font rage à l'extérieur, vous pouvez être en paix. Dieu a prévu un chemin. Quel est-il ? C'est l'amour du Père déversé dans votre cœur. Au fur et à mesure que son amour se déverse dans votre cœur, vous saurez sans l'ombre d'un doute que vous êtes totalement aimé par le Dieu tout-puissant qui est votre Père. J'aime me rappeler que mon Père est simplement le Dieu tout-puissant !

Lorsque vous serez totalement convaincu que Dieu tout-puissant vous aime comme un père, alors, peu importe ce qui se passe autour de vous, vous verrez que ce n'est vraiment pas grand-chose. Les problèmes du monde ? Ce n'est pas grave ! Son amour dans ton cœur t'amènera dans un lieu de paix où, même si le monde est en guerre, tu seras en paix à l'intérieur. Je suis encore en train d'apprendre de ce lieu où il fait bon être. Je suis aujourd'hui dans un état bien différent de ce que j'étais auparavant. Le signe le plus significatif de ce changement pour moi est que ma propre famille l'a remarqué. La différence en moi les a choqués. Je suis très différent de la personne que j'étais autrefois.

Il s'agit de devenir comme Jésus. Il a vécu dans un monde plus mauvais que celui d'aujourd'hui. Il a vécu dans une nation asservie et dans la partie la plus pauvre de cette nation. Mais il a grandi dans l'amour de son Père et dans la paix intérieure, la joie, l'amour et le contentement. Il a vécu au-dessus de l'agitation du monde et peut donc nous en délivrer aussi !

Ce changement dans mes émotions ne s'est pas produit lorsque j'ai compris que Dieu m'aimait comme un père. Ce n'est pas lorsqu'il a guéri mon cœur de nombreuses blessures. Cette victoire dans ma vie émotionnelle ne s'est produite qu'au fur et à mesure que j'ai appris à faire *l'expérience* de son amour pour moi d'une manière *plus continue.* Jour après jour, je fais l'expérience de son amour. Toutes sortes de choses surgissent encore et menacent de m'affecter émotionnellement. Permettez-moi de vous raconter une histoire que j'ai vécu.

Il y a quelques années, j'étais en Ukraine. J'avais voyagé loin dans la campagne, à environ douze heures de train de Kiev. C'était un endroit très isolé et je devais y passer le week-end pour exercer mon ministère. J'étais censé être de retour à Kiev pour prendre l'avion le lundi matin et je devais donc prendre le train le dimanche soir. À mon arrivée, le pasteur m'a dit qu'il n'avait pas réussi à obtenir un billet de retour pour moi. Je lui ai demandé ce que nous devions faire et il m'a répondu que tous les billets avaient été vendus. J'ai décidé de faire confiance à Dieu pour me ramener à Kiev.

Nous avons eu deux jours de ministère dans cet endroit isolé. Trente minutes après mon arrivée, j'ai baptisé vingt personnes dans un étang. Puis le pasteur m'a laissé avec quelques personnes et a disparu. J'ai passé environ cinq heures avec ces personnes qui ne parlaient pas un mot d'anglais. Je ne savais pas ce qui se passait et si je pouvais faire confiance à cet homme qui m'avait abandonné. Finalement, le pasteur est arrivé et m'a conduit à l'endroit où je devais passer la nuit. Le lendemain matin, j'ai pris la parole dans une église, puis nous avons dû nous rendre en vitesse dans une autre église où je devais parler. Nous avons roulé à toute vitesse sur des routes très cahoteuses. À l'église suivante, alors que je m'apprêtais à prendre la parole, j'ai ouvert mon sac et j'ai découvert avec horreur qu'une bouteille d'eau avait coulé sur mon ordinateur portable. Je l'ai allumé, mais tout ce qui s'est passé, c'est un message sur l'écran : « Système d'exploitation introuvable ». Je l'ai rapidement fermé pensant que tout ce qui se trouvait sur l'ordinateur était perdu – tout mon travail, tous mes contacts électroniques, tout était perdu. Ensuite, j'ai dû me lever et prêcher sur l'amour du Père.

D'une manière ou d'une autre, j'ai survécu à cette réunion. La plupart des huit cents personnes de la congrégation voulaient que nous priions pour elles après la réunion. Nous avons prié pour le plus grand nombre possible jusqu'à ce que nous ne puissions plus rester. Nous nous sommes précipités à la gare où le pasteur a couru le long de la plate-forme en essayant de trouver quelqu'un pour obtenir un billet, ce qu'il a fait. J'ai pris le train de nuit pour Kiev et j'ai lutté pour dormir toute la nuit sur une couchette étroite dans un wagon puant rempli de gens. Finalement, nous sommes arrivés à la gare de Kiev avec quatre-vingt-dix minutes à perdre pour aller à l'aéroport. Je devais prendre un vol pour Francfort, puis pour Munich. En arrivant à l'aéroport, le chauffeur m'a demandé : « Avez-vous votre formulaire de départ ? », ce à quoi j'ai répondu : « Quel formulaire de départ ? » Je ne me souviens pas d'en avoir reçu un – en fait, ils n'avaient même pas tamponné mon passeport lorsque je suis entré dans le pays.

Les choses allaient de mal en pis. J'avais besoin d'un formulaire de départ pour quitter le pays. Après beaucoup de confusion et de négociations à l'aéroport, on m'a laissé passer sans carte de départ. Arrivé à la salle d'embarquement bondée, il n'y avait aucun mouvement pour embarquer dans l'avion. Nous avons attendu des heures, puis on nous a annoncé que le vol était annulé. De plus, ils ont annoncé que tous les billets devaient être réémis. Le guichet compétant se trouvait au bout d'un couloir très étroit. Tous les passagers de notre vol ont commencé à faire la queue avec leurs bagages dans cet espace étroit. C'était le chaos. Les esprits s'échauffaient. Lorsque j'ai finalement atteint le guichet, on m'a délivré un billet et j'ai fait la queue pour le bus qui devait nous emmener à l'hôtel fourni par la compagnie aérienne en raison de l'annulation du vol. Je n'arrivais pas à me débarrasser d'un sentiment de malaise à propos du billet de remplacement qui m'avait été délivré. Je me suis approché d'une employée et lui ai demandé de regarder le billet. Elle n'a pu que secouer la tête. Mon billet n'était pas le bon !

Je devais lui faire confiance pour m'obtenir le bon billet, j'ai donc pris une grande inspiration et je lui ai remis mon passeport. Le reverrais-je un jour ? Quitterais-je un jour ce pays ? Fort heureusement, elle m'a procuré un bon billet et j'ai pu prendre l'avion pour Francfort le lendemain matin, puis pour Munich. À mon arrivée, j'ai attendu mes bagages au carrousel. J'ai attendu en vain. Mes bagages avaient disparu ! N'oubliez pas que mon ordinateur portable ne fonctionnait pas et que je n'avais pu dire à personne que j'avais un jour de retard. Il n'y avait personne pour m'accueillir à l'aéroport. J'ai décidé de réserver une chambre d'hôtel à Munich pour dormir un peu. J'ai été tenu éveillé toute la nuit par des gens qui allaient et venaient dans le couloir devant ma chambre. Lorsque je me suis levé le lendemain matin, mes bagages avaient été retrouvés et m'attendaient. J'ai décidé d'aller à la gare pour prendre un train jusqu'à la maison où je logeais. En sortant dans la rue, j'ai rapidement découvert que l'hôtel où j'avais passé la nuit se trouvait en plein milieu du quartier chaud ! Il fallait que je sorte de là rapidement !

J'ai pris le train pour la ville de ma destination finale, mais il a été détourné en raison de travaux sur la voie ferrée. Lorsque je suis finalement arrivé chez mon hôte, il n'y avait personne à la maison, mais les voisins avaient une clé pour me laisser entrer. Je suis entré dans la maison et j'ai fermé la porte derrière moi. J'ai mis mon ordinateur portable dans le placard et il a séché. L'épreuve était enfin terminée.

Dans ce monde tout ce qui peut aller mal va aller mal. *Il y a une bataille pour vos émotions.* Ce monde vous jettera tout ce qu'il peut sur la tête. La bataille se gagne en ouvrant son cœur à l'amour du Père. Au fur et à mesure que son amour pénètre de plus en plus profondément dans votre cœur, vous serez de plus en plus convaincu de son amour pour vous. Au fur et à mesure que vous faites l'expérience de cet amour, il s'accumule en vous et *change* vos émotions. Vous commencerez à avoir la paix quand tout va mal. Son amour pour vous devient plus substantiel et plus important que les autres choses. Vous vous préoccuperez des problèmes des autres, même si les vôtres sont plus importants. Rempli de son amour, vous ne vous inquiéterez plus de vos problèmes.

Son amour déversé dans votre cœur est le *seul* moyen d'assurer votre stabilité émotionnelle. Celle-ci ne vient pas en essayant de vous convaincre d'une quelconque vérité biblique. La réalité c'est qu'il vous aime en ce moment même. L'aventure c'est d'apprendre à faire l'expérience de cet amour de plus en plus. C'est la victoire qui l'emporte sur le monde.

CHAPITRE SEPT

Demeurer dans l'Amour

∼

Comme je l'ai dit dans mon introduction, j'ai écrit ce livre avec un objectif principal. Il s'adresse à ceux qui seront les messagers de l'Évangile dans les générations futures. Je crois sincèrement que l'Évangile, tel que Dieu veut qu'il soit prêché, est la bonne nouvelle que nous pouvons connaître et expérimenter l'amour du Père. C'est l'Arbre de Vie. C'est la Bonne Nouvelle.

L'histoire de l'église, de ce que j'ai pu observer, a très peu connu l'amour. Depuis plus de quarante ans que je suis chrétien, j'ai constaté que les membres du corps de Christ avait vraiment du mal à s'aimer les uns les autres. Les dirigeants des églises sont en proie à des rivalités. Les dénominations sont en désaccord les unes avec les autres. Il y a des jalousies entre de nombreux croyants. Les scissions et les factions sont monnaie courante au sein du Corps de Christ. On parle beaucoup de l'amour, mais sa réalité vivante est trop souvent absente. Il semble y avoir un gouffre béant entre cette réalité et celle dont parle le Nouveau Testament comme d'une vibrante réalité.

De nombreuses déclarations du Nouveau Testament laissent perplexe. Même Pierre a admis qu'il avait du mal à comprendre certaines déclarations de Paul. Certaines paroles de Jean sont également très difficiles à recevoir *jusqu'à* ce que vous parveniez à comprendre ce dont il parle. Je voudrais examiner en détail certains passages des épîtres de Jean et en particulier dans 1 Jean 4. Ce texte contient des affirmations qui m'ont posé questions, comme le verset 8, qui dit : « *Qui n'aime pas n'a pas connu Dieu* »[20]. Nous confondons le concept biblique de l'amour avec notre propre capacité humaine à aimer. Bien sûr, lorsque les Écritures parlent d'amour, elles parlent de l'amour *de Dieu*. Et cet amour est un type d'amour très spécifique.

Beaucoup connaissent les définitions grecques de l'amour : *phileo*, *eros*, *storge* et *agape*. Ces mots sont utilisés pour décrire l'amour dans ses différentes expressions. Nous avons essayé de bien comprendre les Écritures en nous basant sur la définition du mot utilisé dans un texte précis. Nous pouvons consulter la langue originale et trouver le mot utilisé. Nous disposons de ressources telles que le « *Greek-English Lexicon* » ou le « *Vine's Expository Dictionary* »[21]. Ces ressources nous donnent une idée de la signification réelle du mot et sont très utiles. Mais, en réalité, nous ne comprendrons jamais vraiment ce que la bible veut dire *sauf* par révélation. Tant que la *substance* de l'amour ne nous touche pas réellement, tant que quelque chose de Dieu n'ouvre pas nos yeux, nous n'entrerons pas vraiment dans ce que les Écritures ont l'intention de nous enseigner. L'étude peut nous aider à comprendre beaucoup de choses, mais même cette approche est loin d'être à la hauteur de ce qui se passe lorsque le Saint-Esprit ouvre nos yeux spirituels pour que nous voyions vraiment quelque chose.

Je me souviens d'une discussion que j'ai eue avec un homme il y a quelques années et je lui ai demandé : « Croyez-vous que, par l'étude uniquement, la bible puisse être complètement comprise ? » Il m'a répondu avec un « oui ! » sans équivoque. Ce à quoi j'ai répondu :

---

20. Ndlr : Bible Du Semeur (BDS)

21. Ndlr : Ce sont des dictionnaires en anglais qui permettent de comprendre le mot utilisé dans le texte original.

« C'est la différence entre vous et moi, car moi je crois que la bible ne peut être comprise que par révélation ! » La bible a été écrite par des personnes *en plein* réveil personnel, elle a été écrite *à propos* du réveil et elle n'est correctement comprise que *dans le réveil*. Elle n'est correctement comprise que dans le contexte de la présence manifeste de Dieu dans nos vies. Lorsque j'utilise le mot « réveil », je ne fais pas référence aux phénomènes extérieurs qui se déversent lors d'un réveil. Je parle plutôt d'un réveil du cœur dans lequel le cœur de l'individu est ouvert aux mouvements du Saint-Esprit. L'Esprit de Dieu qui vit en vous vous enseignera ce qui est écrit dans les Écritures. 1 Jean 2:27 parle d'une « onction qui demeure » – cette onction est l'Esprit de Dieu en nous, et c'est seulement l'Esprit de Dieu qui peut véritablement nous interpréter la parole de Dieu. Notre propre étude n'y parviendra jamais.

En regardant ce quatrième chapitre de la première épître de Jean, il y a un point particulier auquel nous sommes immédiatement confrontés et qui affecte notre compréhension du chapitre. Le problème est le suivant : Jean n'a pas écrit dans un ordre logique. En fait, la bible dans son ensemble n'est pas écrite de manière logique et séquentielle. Les titres des principaux sujets et les déclarations essentielles sont cachés dans le corps du texte. Ils ne sont pas écrits en caractères gras et soulignés pour que le lecteur occasionnel puisse les saisir facilement. Le Saint-Esprit doit mettre en évidence les déclarations importantes pour notre esprit. Nous n'avons pas, par exemple, le point 1 suivi du point 2 avec des sous-titres en dessous. Si la bible était écrite de cette manière, il serait tellement plus facile de comprendre ce qui y est écrit. La bible n'est pas accessible à quelqu'un qui s'approche de Dieu avec légèreté. Elle est ouverte par l'Esprit au cœur.

Je voudrais souligner quelques déclarations de l'apôtre Jean qui constituent, je crois, les grandes lignes de cette épître. La première déclaration majeure apparaît au verset 19. Tout le chapitre et son contenu dépendent de ce que dit ce verset. Le verset 19 déclare : « nous l'aimons, parce qu'il nous a aimés le premier. » Ce verset déclare sans équivoque que nous ne pouvons pas entrer dans l'amour sans connaître la réalité, l'expérience de Dieu qui nous a aimés le premier. C'est l'essentiel.

Dieu, la Source de l'Amour

Dieu est celui qui aime en premier. Il vous a aimé avant que vous ne l'aimiez. Toute l'énergie, la substance et la réalité de la connaissance de l'amour de Dieu pour les autres trouvent leur origine dans l'expérience que nous avons de son amour pour nous. Nous aimons parce qu'il nous a aimés le *premier*. Il ne nous a pas aimés lors d'un événement historique unique. Il nous aime continuellement. Nous avons tendance à limiter au passé, à l'époque de Jésus, des déclarations telles que « Dieu a tant aimé le monde... » Nous considérons comme une réalité purement historique le fait qu'il ait envoyé son Fils mourir pour nous. Mais la question est de savoir si Dieu aime encore le monde aujourd'hui. Nous n'avons aucun problème à accepter qu'il aimait le monde au premier siècle lorsque Jésus est né comme un bébé dans la crèche de Bethléem, mais Dieu aime-t-il le monde *aujourd'hui* ? Aime-t-il, par exemple, les musulmans aujourd'hui ? Aime-t-il *encore* les criminels et les prostituées vingt siècles plus tard ? Parfois, je me sens mal à l'aise à l'intérieur de moi-même lorsque je pense à cela. Nous arrivons à gérer le fait que Dieu a aimé le monde dans le passé. C'est un concept relativement facile à saisir parce que la réalité rude et confuse de ce passé est éloignée de nous. *Mais aime-t-il le monde de la même manière maintenant ?* Dans notre monde quotidien, avec les situations que nous vivons, nous nous efforçons d'aimer les gens qui font des choses que nous n'aimons pas. Mais est-il toujours vrai que Dieu aime *ce* monde dans lequel nous vivons et tous ceux qui s'y trouvent, *maintenant* ?

Il serait très intéressant de savoir comment était le monde à l'époque de Jésus. Quelles sortes d'atrocités étaient perpétrées à travers le monde lorsque Jésus marchait sur cette terre ? Il y avait certainement des atrocités telles que l'esclavage. L'esclavage reste l'un des plus grands maux du monde, mais c'était un mal encore plus grand à l'époque, un élément fondamental et répandu du tissu social. Que se passait-il en Chine, par exemple, à l'époque où Jésus marchait sur la terre ? Que se passait-il dans un royaume lointain inconnu des écrivains de l'époque ? Le monde de l'époque de Jésus n'était pas un monde meilleur et donc plus facile à aimer pour Dieu. Son amour ne coulait pas plus librement au premier siècle qu'au vingt-et-unième siècle. Il aime le monde en permanence ! Nous avons tendance à perdre le contact avec cette réalité. Nous avons du mal à comprendre que Dieu aime chaque personne dans le monde en ce moment-même.

Jean dit que nous l'aimons *parce qu'*il nous a aimés le premier. Cette affirmation est l'axe sur lequel tourne tout le chapitre. C'est, à mon avis, le véritable titre que l'Esprit souligne. C'est *la* déclaration qu'il a écrite en caractères gras. Elle définit toutes les autres déclarations sur l'amour.

L'amour est la marque du vrai Christianisme

Si nous reprenons la lecture du verset 19, il y a une autre déclaration au verset 7 que je souhaite souligner. J'éprouvais beaucoup de difficultés avec ce verset. Cette lettre a été écrite par l'apôtre Jean à une chrétienté qui était déjà fortement affectée par de mauvaises influences. L'une des principales hérésies de l'époque était le gnosticisme qui s'était infiltré de manière significative dans la communauté chrétienne primitive. Jean a écrit cette lettre pour contrer cette influence et il la contrarie en décrivant ce qu'est le véritable christianisme. Je trouve cela très intéressant. Pourquoi ? Parce qu'une grande partie de cette lettre parle d'amour. Dans cette lettre, Jean déclare sans ambiguïté que l'amour est vraiment la marque du véritable christianisme. Le verset 7 du chapitre 4 déclare : « Bien-aimés, aimons-nous les uns les autres ; car l'amour est de Dieu, et quiconque aime est né de Dieu et connaît Dieu. » Je me souviens d'avoir lu cette déclaration et d'avoir eu beaucoup de mal à l'accepter.

J'avais une tante qui était extrêmement gentille mais qui, à ma connaissance, n'était pas chrétienne. Ses nombreux neveux et nièces aimaient beaucoup séjourner chez elle parce qu'elle était une femme merveilleuse mais elle n'avait jamais professé être « née de nouveau ». Pourtant, l'Écriture dit que quiconque aime est né de Dieu ! Comment cela s'explique-t-il ? Peut-être que ma tante était une chrétienne secrète ? De quoi parle donc cette déclaration de Jean ?

La question ici est de savoir comment est défini le mot « amour ». Il ne s'agit pas d'une personne qui aime à une échelle purement humaine ou qui a l'aptitude naturelle d'être une personne aimante. Cette déclaration de Jean parle d'une personne qui a reçu *l'amour de Dieu*. La vérité est que si vous avez reçu l'amour de Dieu, vous *aimerez*. Il ne peut en être autrement.

« Quiconque aime est né de Dieu et connaît Dieu. » Et il poursuit : « Celui qui n'aime pas n'a pas connu Dieu, car Dieu est amour. » Ces affirmations m'ont posé un énorme problème. Je me demande combien d'autres personnes ont également lutté avec ces affirmations. Celui qui n'aime pas ne connaît pas Dieu ! Pourquoi cela m'a-t-il causé tant de tracas au fil des ans ? Parce que je croyais que celui qui n'aime pas n'est pas *né de nouveau*.

Voyez-vous, j'assimilais le fait de « connaître Dieu » à celui de « naître de nouveau ». Lorsque vous naissez de nouveau, c'est alors que vous connaissez le Seigneur et que Dieu en Jésus devient réel pour vous ? Correct ? Dans ma pensée, ce verset remettait donc en question la réalité de la nouvelle naissance. J'étais absolument sûr d'être véritablement né de nouveau mais il y avait beaucoup de gens que je n'aimais pas. Je luttais vraiment dans mon cœur pour aimer certaines personnes. En réalité, je suis venu au Seigneur sans faire confiance à qui que ce soit dans mon cœur. Je n'avais fondamentalement confiance en personne dans le monde. J'avais rejeté le monde. Quand j'étais jeune, je voulais vivre en ermite dans les montagnes. Je croyais que les gens me feraient toujours du mal, me causeraient de la peine et me rejetteraient. Je pensais que, si je pouvais vivre sans les gens, je pourrais aussi vivre sans douleur. Je suis devenu chasseur de cerfs vivant seul dans les collines. J'abattais des cerfs, je les transportais des collines à la ville, je les vendais, je retournais dans les collines avant la tombée de la nuit et je me retrouvais à nouveau seul. Dès l'âge de dix ans, j'ai eu le désir ardent de devenir ermite. Le problème, que j'ai vite découvert, c'est que je ne parvenais pas à supporter la solitude.

Depuis, je me suis dit que je devais être bien arrogant pour rejeter l'ensemble de la race humaine comme n'ayant aucune véritable réalité ! J'ai souvent dit à Denise que j'avais l'impression d'être assis à l'extérieur de la race humaine et de l'observer à travers une fenêtre. Au fil des ans, je lui ai souvent dit : « Suis-je vraiment un être humain ? » Je me sentais tellement éloigné de l'image que je me faisais des autres.

En ce qui concerne la déclaration du verset 7 – « Celui qui n'aime pas ne connaît pas Dieu » – que faire lorsque l'on sait pertinemment que l'on est né de nouveau mais que l'on n'a pas d'amour pour les gens dans son cœur ? Je pense que nous pouvons tous nous identifier à cela à un degré plus ou moins grand. Le Seigneur a beaucoup travaillé dans mon cœur au fil des ans et j'ai gagné du terrain. Ce que ce verset *ne* dit *pas*, c'est que si tu n'aimes pas, tu n'es pas né de nouveau. Ce qu'*il dit*, c'est que si tu n'aimes pas, tu n'es pas connecté à l'amour du Père. C'est sa véritable signification – si vous n'aimez pas, vous ne le connaissez pas intimement à ce moment-là !

Lorsque vous êtes en connexion intime avec l'amour du Père, vous ne pouvez rien faire d'autre *qu'aimer*. C'est simplement une question de cause à effet. Le fait d'être intimement lié à l'amour du Père vous amènera automatiquement à aimer les autres de ce même amour. Il ne s'agit pas d'une question de « naître de nouveau », mais d'avoir la réalité de cet amour dans votre cœur. Si vous n'avez pas l'amour dans votre cœur, vous ne le connaissez pas à ce moment-là. Vous n'êtes pas, à ce moment-là, intimement connecté à Dieu qui vous aime de *son* amour.

Permettez-moi de poser quelques questions :

Sommes-nous, vous et moi, en ce moment, *dans* l'amour du Père ?

Est-ce que vous et moi faisons l'expérience qu'il nous aime en ce moment-même ?

L'un des tests est le suivant : si vous n'aimez pas les autres, alors vous n'êtes pas en communion avec l'amour du Père. C'est aussi simple que cela.

Peu importe ce que nous prétendons ou ce que disent nos lèvres – si l'amour de Dieu ne sort pas de nous, alors l'amour de Dieu ne vient pas *en* nous. Nous aimons parce qu'il nous a aimés le premier. L'essentiel, c'est qu'il nous aime. Beaucoup d'entre nous se sentent coupables lorsqu'ils n'aiment pas assez l'autre personne. Nous ressentons souvent le besoin de nous repentir pour notre manque d'amour envers cette personne. Permettez-moi de dire ceci. Je ne suis pas convaincu que la repentance soit vraiment le point central dans ce cas. Je crois que la vraie question est de reconnaître que vous avez manqué d'intimité avec le Père – parce que, lorsque vous êtes dans un lieu d'intimité avec Lui, cet amour pour les autres réside dans votre cœur. Nous associons souvent la repentance à des émotions telles que le chagrin ou le remords de ne pas avoir accompli ce que Dieu exige de nous. Nous ressentons alors le besoin de nous sentir coupables, d'être désolés et de demander le pardon de Dieu. C'est en grande partie ainsi que nous concevons la repentance. Pourtant, le terme repentance signifie en fait « faire demi-tour ». Ce terme n'a rien à voir avec le chagrin, la tristesse ou le remords. Le sens originel du mot grec *metanoia* est « se retourner et faire face à la direction opposée ». Il exprime simplement l'idée de changer de pensée. Lorsque nous nous repentons, nous nous tournons simplement vers Dieu et vers son amour, pour recevoir son amour.

De nombreuses personnes ont versé beaucoup de larmes lorsqu'elles ont demandé à Dieu de leur pardonner leurs péchés. Les remords et le chagrin qui en découlent sont une réalité personnelle pour chaque individu. Certaines personnes éprouvent d'énormes remords pour leur vie de péché et c'est justifié et bon – mais cela ne constitue pas, en soi, la repentance. La repentance avec émotion n'est pas plus valable que la repentance sans émotion. Beaucoup de gens veulent voir le pécheur pénitent pleurer devant Dieu, mais ce n'est pas une exigence de la repentance. Cela peut être nécessaire pour libérer les émotions, mais ce n'est pas spécifiquement un ingrédient de la repentance. La repentance est le produit de ce remords et de cette tristesse. Certaines personnes peuvent être extrêmement désolées de leurs péchés sans pour autant changer quoi que ce soit, de sorte que le chagrin en lui-même n'est pas une repentance. Ce qui est requis dans la repentance, c'est de faire demi-tour, de changer votre pensée et d'aller dans la direction opposée. Lorsque nous reconnaissons que nous manquons d'amour pour les autres, il ne s'agit pas de se sentir mal – et de prendre la résolution de faire mieux à l'avenir. Vous ne ferez pas mieux à l'avenir – vous ne pouvez pas ! C'est lui qui nous motive ! Lorsqu'il y a des choses en nous qui ne sont pas aimantes, nous devons reconnaître que c'est le résultat de notre manque d'accueil de son amour dans nos vies.

L'AMOUR EST UNE SUBSTANCE

Nous devons réaliser que la substance de son amour est le point capital du christianisme. Le christianisme ne concerne pas *le message* de son amour ou la vérité qu'il nous aime. Il s'agit de recevoir *l'amour* lui-même. Le simple fait de comprendre le concept de l'amour de Dieu pour vous ne vous changera pas. Ce qui vous changera, c'est l'amour réel de Dieu qui se déverse dans votre cœur. Ce n'est pas l'adhésion à la vérité théologique qui vous guérira et vous libérera. C'est la *substance* de l'amour du Père qui le fera. Être fils, c'est vivre dans l'expérience continue d'être aimé par le Père. Nous devons vraiment nous concentrer sur cette réalité. Nous portons *l'amour* du Père au monde. Nous ne portons pas *le message* de l'amour du Père au monde. Nous portons *son amour*. C'est l'une des raisons pour lesquelles l'expression « le message de l'amour du Père » me met mal à l'aise. Ceux qui utilisent ce terme n'ont pas vraiment compris. C'est la substance de son amour que nous portons – pas son message. Dans ce chapitre, Jean parle de la *substance même* de l'amour du Père.

J'ai commencé à réaliser que la substance de l'amour de Dieu est en fait la même substance que Dieu lui-même. C'est sa vie. Ce n'est pas tant qu'il vous aime ; c'est le fait que lorsqu'il vient, vous êtes aimés – parce qu'il *est* amour. La substance de l'amour *est* sa présence. Lorsque nous avons commencé à réaliser que l'amour est une substance, cette prise de conscience nous a permis de passer la porte d'une révélation qui ne cesse de croitre.

Permettez-moi de vous donner un exemple de ce que je veux dire quand je dis que l'amour est une substance. Quand j'étais jeune, je vivais dans une petite ville de Nouvelle-Zélande. C'était une ville rurale ; la population était principalement composée de fermiers et de leurs familles. Les hommes étaient des hommes de la terre, très travailleurs, marqués par les intempéries, avec des mains calleuses. Je n'ai jamais entendu un homme chanter avant l'âge de douze ans. D'où je viens, les hommes ne chantent pas !

Je me souviens d'avoir assisté à une réunion dans la salle communale lorsque j'avais environ quatorze ans. Je ne me souviens pas de l'objet de la réunion, mais je me souviens qu'il y avait environ trente personnes, ce qui semblait être une grande foule à l'époque. En ces temps-là, j'étais un jeune homme très déprimé et émotionnellement blessé. Les gens avaient l'habitude de dire que j'étais de mauvaise humeur mais ils n'avaient aucune idée de ce qui se passait en moi. J'étais complètement perdu et à côté de la plaque.

Je me souviens qu'un homme m'a dit un jour : « Tu ne devrais pas être si triste, ce sont les meilleures années de ta vie ! Je l'ai regardé et j'ai pensé : « *Êtes-vous en train de dire que ça va devenir pire ?* » Peu de temps après, j'ai pris un fusil, je l'ai chargé d'une seule balle et je me suis assis près d'un arbre dans l'obscurité – avec le fusil chargé – en pensant que si la vie devait devenir pire, je ne voulais pas rester dans

Chapitre Sept

les parages pour le voir. Voilà à quoi ressemblait ma vie à l'époque.

Lors de ce rassemblement dans la salle des fêtes, je me souviens que quelque chose s'est passé dans la salle. Quoi qu'il se soit passé, tout le monde a éclaté de rire. Ils ont tous ri, sauf moi et, comme je l'ai découvert plus tard, quelqu'un d'autre. Alors que je me tenais près du mur, observant tout le monde rire et me sentant totalement détaché de cet instant, j'ai soudain attiré l'attention d'un homme de l'autre côté de la pièce, qui me regardait droit dans les yeux. C'était Ross, le père de mes meilleurs amis, de vrais jumeaux. Ross était berger dans l'île du Sud de la Nouvelle-Zélande. Pendant la saison de la tonte, il tondait les moutons toute la journée, de l'aube à la tombée de la nuit. À mon avis, la tonte des moutons est l'un des travaux les plus difficiles qu'un homme puisse faire. Travailler de longues heures dans la chaleur d'une journée d'été, dans un hangar sans circulation d'air, constamment courbé, couvert d'huile de lanoline. C'est un travail extrêmement pénible. Ross m'a raconté qu'il lui arrivait souvent d'aller aux toilettes pendant une journée de tonte et de cracher du sang à cause de l'effort. Il travaillait de l'aube au crépuscule, sept jours sur sept, pour subvenir aux besoins de sa famille.

N'ayant que quatorze ans à l'époque de cette rencontre dans la salle des fêtes, je ne connaissais pas le père de mes amis sous le nom de Ross mais sous celui de « Mr. Smith ». Lorsque les rires ont éclaté dans la salle, j'ai attiré son attention. Je peux encore voir son visage marqué par les intempéries et ses yeux qui se plissaient pour bloquer l'éblouissement intense du soleil néo-zélandais. Il m'a regardé à travers la pièce *et a haussé un sourcil*. À ce moment-là, j'ai ressenti son amour pour moi. Je ne savais pas qu'il m'aimait jusqu'à ce moment-là, mais son amour pour moi s'est transmis à travers la pièce et j'ai su, sans l'ombre d'un doute, qu'il m'aimait.

J'ai ressenti la substance de son amour paternel. Ce fut un moment extrêmement important dans ma vie que je n'ai jamais oublié. Ross était un homme discret, mais il était aussi fort que l'acier. Plus tard, j'ai passé beaucoup de temps avec lui et ses jumeaux à trapper, pêcher et chasser ensemble. Il a été une personne importante dans ma jeune vie. Lorsqu'il m'a regardé à travers la salle bondée ce soir-là et qu'il a simplement haussé un sourcil, j'ai appris quelque chose que je n'ai jamais oublié. J'ai appris que l'amour *est une substance*.

Une personne peut dire les mots « je t'aime », mais ils ne signifient rien s'il n'y a pas de substance d'amour transmise. Une autre personne, en revanche, peut simplement lever un sourcil et vous remplir d'amour – parce que l'amour est une substance.

Lorsque nous lisons la phrase « Nous aimons parce qu'il nous a aimés le premier », c'est comme si Dieu lui-même se trouvait à l'autre bout de la pièce, attirant votre attention et haussant un sourcil. D'une manière inexplicable, vous faites l'expérience qu'il vous aime. À ce moment-là, lorsque cela se produira, vous *aimerez* le monde. Vous ne pouvez pas ne pas le faire lorsque vous êtes aimé par lui. L'affirmation « Nous aimons parce qu'il nous a aimés le premier » ne parle pas du salut. Il ne s'agit pas de l'expérience de la « nouvelle naissance ». Elle parle de la connexion vivante avec Dieu le Père. Dieu le Père est la source de tout amour. Jésus nous aime – c'est vrai ! Mais il nous aime avec l'amour de son Père. Paul, dans l'épître aux Romains (8:39), nous dit très clairement que « ... rien ne pourra nous séparer de l'amour de Dieu manifesté en Jésus-Christ notre Seigneur ». L'amour de Dieu le Père est en Jésus. Dans le dernier verset de Jean 17, Jésus prie son Père en utilisant ces mots extraordinaires :

Chapitre Sept

> « ...*Je leur ai fait connaître ton nom, et je le leur ferai connaître, afin que l'amour dont tu m'as aimé soit en eux, et que je sois en eux.* »

Pour que l'amour dont le Père aime le Fils *soit en nous*. En d'autres termes, Jésus a prié pour que nous fassions l'expérience que le Père nous aime comme lui, le Fils, a fait l'expérience que le Père l'aimait. C'est une prière tout à fait extraordinaire – que nous connaissions le même amour que le Père a pour son Fils bien-aimé.

FAITES DE L'AMOUR VOTRE GRAND OBJECTIF

Voilà la bonne nouvelle ! Tout l'Évangile se résume à cette seule chose. Jésus est mort sur la croix pour débarrasser toutes les entraves qui font obstacle afin que vous et moi puissions entrer dans l'amour du Père ! Nous pouvons le savoir conceptuellement plus qu'en en ayant fait l'expérience. Je veux vous le dire sérieusement maintenant que vous lisez ce livre : cherchez continuellement à faire l'expérience de cet amour ! Cherchez continuellement à connaître la réalité de son amour pour vous. J'aime la façon dont la « Revised Standard Version »[22] présente le premier verset de 1 Corinthiens 14. Elle dit : « *Faites de l'amour votre grand but* ». Cela ne signifie pas que votre but dans la vie doive être de devenir une personne aimante. Cela signifie que vous devez faire de l'amour qui est dans le Père votre plus grand objectif dans la vie – car Dieu *est* amour.

Ce que j'ai découvert, c'est que dans l'amour, on ne peut pas être offensé. Lorsque vous vivez dans l'amour de Dieu, il est tout simplement impossible d'être offensé. Récemment, quelqu'un m'a dit qu'il avait été blessé par les commentaires d'une autre personne. Je lui ai répondu : « Qu'y a-t-il en toi qui puisse être blessé ? » – Parce

---

22. Ndlr : La « Revised Standard Version » est une traduction de la bible anglaise.

que, lorsqu'il y a de l'amour en vous, vous ne pouvez pas être blessé ou offensé. L'amour surpasse toutes les offenses. L'amour dit : « Je me moque de ce que tu me fais, parce que je t'aime ». Lorsque Jésus était suspendu à la croix, il aimait ceux qui avaient enfoncé les clous dans ses mains et ses pieds. Il voulait qu'ils soient pardonnés. Son désir était qu'ils soient libres. L'amour est insensible à la douleur du rejet. On ne peut être rejeté que si l'on est en dehors de l'amour. On ne peut être blessé qu'en dehors du périmètre de l'amour. Être à la place de l'amour est une place incroyablement forte. En fait, c'est le seul endroit où l'on est vraiment libre.

Que se passe-t-il lorsque vous n'êtes pas dans l'amour de Dieu ? Vous êtes vulnérable parce qu'on peut jouer avec vos émotions. Les gens jouent avec vos émotions. Ils vous manipulent. Ils feront des choses, volontairement ou involontairement, qui feront de votre vie une montagne russe émotionnelle. Dans toutes les situations où vous vous trouverez, vous serez soumis à des hauts et des bas émotionnels en fonction de la façon dont vous percevez que les autres vous traitent. Une parole de leur part, ou la façon dont ils vous regardent, vous fera basculer sur la mer des émotions. Dans l'amour, il n'y a pas de place pour se sentir rejeté si quelqu'un ne vous aime pas. Vous êtes dans un lieu de sécurité inattaquable, dans l'amour du Père. Comment le rejet ou le désir de quelqu'un de nous blesser pourrait-il nous affecter lorsque nous sommes enveloppés dans la réalité et la totalité de l'amour du Créateur de toutes choses ?

Lorsque nous nous sentons blessés et rejetés, nous devons réaliser que c'est parce que nous ne sommes pas vitalement connectés à Son amour à ce moment-là. C'est là le vrai problème ; il n'est pas question de notre échec dans le fait de plaire à Dieu ou d'être un bon chrétien. En vous connectant dans votre cœur à Son amour et à la réalité qu'il vous aime, vous *deviendrez* une personne aimante.

Chapitre Sept

Il y a des années, lorsque Denise et moi étions de jeunes chrétiens, nous avons (avec un autre couple) implanté une église dans la petite ville où nous vivions. Nous vivions là depuis notre mariage. Nous parcourions une cinquantaine de kilomètres pour nous rendre à l'église chaque semaine. Nous avons donc décidé d'implanter une petite église dans la ville où nous vivions afin d'y apporter la vie spirituelle dont nous avions fait l'expérience. Nous avons loué une salle et commencé à y tenir des cultes et, au bout d'un certain temps, nous avons rassemblé une soixantaine de personnes. Nous avons baptisé les nouveaux convertis dans un petit ruisseau et ils ont formé le noyau de la communauté dans laquelle nous avons déversé tout ce qui était en nous.

Après environ un an, les anciens d'une autre église de la ville nous ont invités, Peter et moi, à assister à leur réunion un soir. Nous avons été ravis de recevoir cette invitation. Nous pensions qu'ils voulaient nous encourager et promouvoir l'unité au sein du Corps de Christ dans notre ville. Dans notre naïveté, nous nous sommes donc rendus à la réunion des anciens. Lorsque nous sommes arrivés, ils nous ont accueillis avec des tasses de thé et des biscuits. Après quelques discussions amicales, nous sommes allés dans la salle adjacente et nous nous sommes assis pour la réunion. Pendant les trois heures qui ont suivi, ils nous ont bombardés d'avertissements nous enjoignant d'arrêter immédiatement ce que nous faisions dans notre nouvelle église. Ils nous ont dit que nous étions rebelles et que nous contrevenions à la volonté de Dieu pour la ville. En fin de compte, ils voulaient que nous rejoignions leur église et que nous apportions à *leurs* jeunes la vie de l'Esprit dont nous faisions l'expérience.

Nous sommes sortis de cette réunion vraiment meurtris par ce qu'ils nous avaient dit. Peter m'a ramené à notre maison qui se trouvait dans la campagne, entièrement entourée de champs, sans aucune autre maison à proximité. Lorsque nous sommes arrivés à la maison, il s'est tourné vers moi et m'a dit : « Avant que tu n'entres dans la maison, prenons un moment pour prier. » Nous n'avons pas eu l'occasion de dire quoi que ce soit car, au moment où nous nous sommes tournés l'un vers l'autre pour prier, l'amour de Dieu est soudainement venu et a rempli la voiture. L'amour de Dieu a absolument et totalement rempli la voiture et nous a remplis. Nous n'avons rien pu faire d'autre que de nous serrer l'un contre l'autre pendant ce qui nous a semblé être un long moment alors que la présence de Dieu nous remplissait. Nous nous sommes enlacés et nous avons pleuré. Nous étions stupéfaits et submergés par l'intensité de sa présence.

Finalement, je suis sorti de la voiture et Peter est rentré chez lui. En me dirigeant vers la maison, j'ai remarqué que la lumière de la chambre était allumée. Denise m'attendait. Je suis allé immédiatement dans la chambre et elle était assise dans le lit. Ses premiers mots ont été : « Alors, comment s'est passée la réunion ? », mais tout ce que j'ai pu dire, c'est : « C'étaient des gars formidables – des hommes extraordinaires ! » Je n'arrivais pas à sortir d'autres mots de ma bouche que de dire à quel point les anciens de l'autre église étaient merveilleux. Dans ma pensée, je me disais : « *Je sais que ce n'est pas toute la vérité sur ce qui s'est passé lors de la réunion de ce soir* », mais je ne me souvenais pas d'une seule chose qui avait été dite ce soir-là. Vous voyez, l'amour ne peut pas être offensé. Lorsque l'amour de Dieu nous a remplis alors que nous étions assis dans la voiture, j'ai constaté que je ne me souvenais d'aucune des paroles dures prononcées contre Peter ou contre moi. L'amour ne peut pas être offensé et ne se souvient même pas des péchés commis contre lui. C'est pourquoi Dieu peut dire dans Hébreux 8:12, « …je ne me souviendrai plus de leurs péchés ». Après m'avoir entendu dire à quel point ces anciens étaient merveilleux, Denise pensait que nous allions désormais fréquenter l'autre église ! Ce ne fut pas le cas.

J'ai découvert quelque chose à propos de l'amour. L'amour vous transforme en tout ce que Dieu a toujours voulu que vous soyez. L'amour vous transformera en chrétien mature. L'amour vous fera tendre l'autre joue sans même le savoir parce que l'autre personne sera plus importante pour vous que de préserver votre propre joue ! Ce n'est pas juste de serrer les dents et penser à contrecœur que *je dois tendre l'autre joue*. L'amour se préoccupe de l'autre personne plutôt que d'essayer de préserver notre amour-propre.

Il y a des années, lorsque je donnais des cours à l'école biblique, un jeune Maori vivant sur le campus était très en colère et nous essayions de l'aider. Un jour, je lui ai parlé du Seigneur. Plus tard dans la soirée, après le repas commun, je me suis approché du comptoir de la salle à manger pour prendre une tasse de thé. Alors que je me tenais là, il est arrivé au comptoir et a soudainement pris la théière pleine (et c'était une grande théière) et m'a jeté le thé chaud au visage. Le thé était presque bouillant et il me l'a jeté en pleine figure. Il est passé sous mes paupières, dans ma bouche et dans mes narines. Aujourd'hui encore, je ne comprends pas pourquoi je n'ai pas subi de graves brûlures. Je me souviens l'avoir regardé et tout ce que je voyais en face de moi, c'était un jeune homme prisonnier de sa douleur et de sa colère intérieure. Rien en moi ne se préoccupait de mon propre bien-être. Ma seule attention était pour ce pauvre type qui avait été poussé à me jeter au visage le contenu d'une théière bouillante. J'étais soucieux de la situation terrible dans laquelle il se trouvait. Lorsque vous êtes connecté à l'amour, ce même amour vous oblige à aimer sans aucune condition. La connexion intime à l'amour de Dieu est ce qui génère l'amour pour les autres. Lorsque vous vous rendez compte que vous n'avez pas assez d'amour, venez simplement voir Dieu pour qu'il vous remplisse de cet amour.

L'AMOUR EST L'ÉNERGIE QUI FAIT DE VOUS UN CHRÉTIEN

Le dernier verset de ce quatrième chapitre de Jean que je souhaite commenter est le verset 20. C'est un autre verset avec lequel j'ai vraiment lutté dans ma vie chrétienne. Il dit :

Si quelqu'un dit : J'aime Dieu, et qu'il haïsse son frère, c'est un menteur ; car celui qui n'aime pas son frère qu'il voit, comment peut-il aimer Dieu qu'il ne voit pas ?

C'est l'une de ces affirmations de l'Écriture qui doit vraiment être lue à l'envers. En effet, si vous pouvez recevoir l'amour de Dieu que vous ne pouvez pas voir, vous aurez alors de l'amour pour votre frère que vous pouvez voir. C'est étroitement lié au verset qui dit : « Nous aimons parce qu'il nous a aimés le premier ». Vous voyez, si vous dites que vous aimez Dieu mais que vous haïssez votre frère, cela signifie selon Jean, que vous êtes un menteur. Pourquoi ? Parce qu'il faut recevoir l'amour de Dieu pour vraiment aimer son frère. Cela ne signifie pas que vous n'êtes pas chrétien. Cela ne veut pas dire que vous n'êtes pas « né de nouveau ». Cela signifie que vous ne vivez pas dans l'amour de Dieu. Vous n'êtes pas dans cette interaction entre lui qui vous aime et vous qui l'aimez en retour.

La vérité, c'est que vous ne pouvez pas vraiment aimer Dieu – vous ne pouvez que l'aimer en retour. Vous ne pouvez que lui rendre l'amour qu'il a pour vous. Parler d'aimer Dieu, c'est parler d'une expérience mutuelle d'être aimé par lui et de lui rendre cet amour. Mais si vous prétendez aimer Dieu tout en haïssant votre frère, vous vous êtes tout simplement trompé. Il n'est pas vrai que l'on puisse aimer Dieu et haïr son frère ou sa sœur. Si vous êtes dans l'interaction entre Dieu qui vous aime et vous qui l'aimez en retour, il vous sera impossible de ressentir autre chose que de l'amour pour votre frère ou votre sœur. Mon ami et frère Stephen Hill a déclaré une profonde vérité. Il a dit : « *Si vous aimez Dieu plus que vous n'avez la révélation et l'expérience qu'il vous aime, ce n'est qu'une affection religieuse* ». C'est tellement vrai. Si nous aimons sans vivre dans la réalité de son amour pour nous en premier ce n'est que notre zèle charnel. Nous ne pouvons qu'aimer Dieu à juste titre en retour. Tout amour que nous avons pour Dieu et pour les autres est une réponse et un débordement de son amour pour nous.

Permettez-moi de dire ceci : *L'amour donne de l'énergie à l'amour. Le christianisme se nourrit de lui-même. Vous n'avez pas à vous transformer en chrétien. Si vous vous abandonnez au vrai Christianisme, le Christianisme fera de vous un chrétien*.

Le christianisme, c'est être dans le flux de l'amour de Dieu dans votre cœur. Lorsque l'amour de Dieu coule dans votre cœur, vous devenez tout ce qu'un chrétien peut être. Vous deviendrez tout ce qu'un chrétien devrait être. Vous deviendrez tout ce qu'un chrétien veut être. Automatiquement.

Lorsque son amour coule dans votre cœur, vous serez en paix intérieurement – même si vous n'avez pas de plan de retraite. Si vous ne faites pas l'expérience qu'il vous aime, vous vivrez dans la peur. Si vous êtes dans le christianisme, vous serez en paix. Si vous faites l'expérience de son amour, vous aurez tendance à vous réjouir. C'est une grande joie d'être aimé et la joie est le fruit de l'amour. C'est la signification du « fruit de l'Esprit ». Si l'Esprit est l'amour de Dieu répandu dans votre cœur, alors le fruit de cet amour est ce que l'amour produit en vous – et l'amour produit la joie, l'amour produit la paix, l'amour produit la gentillesse, la bonté, la patience, la maîtrise de soi, et ainsi de suite. Le fruit dont il est question ici (dans Galates 5) est au singulier – il s'agit du « fruit » et non des « fruits ». L'amour de Dieu répandu dans nos cœurs par le Saint-Esprit produit toutes ces choses d'un seul coup. Il ne peut pas y en avoir un qui soit faible et sur lequel il faille « travailler » – l'amour produit ce fruit sans réserve ni exception.

J'ai toujours eu du mal avec le dernier fruit de la liste – la maîtrise de soi. Il semble négatif par rapport à tous les autres, qui sont positifs. J'avais l'habitude de penser – et les gens l'utilisaient ainsi à mon égard – que la « maîtrise de soi » était la capacité à se contrôler, à maîtriser ses désirs naturels irrésistibles. Les gens me disaient : « L'Esprit te donne la maîtrise de toi-même, alors maîtrise-toi ! » J'ai toujours compris la maîtrise de soi comme la discipline de ne pas pécher, comme le commandement de contrôler les convoitises et les désirs de la chair. Mais voici comment je la comprends maintenant : c'est une autodétermination. En d'autres termes, lorsque l'amour entre dans votre vie, vous êtes libre de tout contrôle extérieur. Vous vivrez votre vie en fonction de l'amour qui est en vous. Avec l'Esprit de Dieu qui m'habite, je suis maintenant conduit par l'Esprit. Même s'ils essaient de me crucifier pour m'empêcher de vivre de cette manière, je suis conduit par le Saint-Esprit qui est en moi et c'est lui qui me contrôle. Ce n'est pas une question de péché. L'Esprit de Dieu détermine où je vais aller et ce que je vais faire. Il détermine ce que je pense et ce que je dis. Personne ne me contrôle. Par l'Esprit qui habite en moi, je suis autodéterminé.

Je crois que c'est exactement ce que cela signifie. Si ma vie est déterminée par l'amour que je porte en moi, alors ma conclusion est la suivante : le christianisme est en fait une anarchie. Je suis libre de devoir obéir aux lois de mon pays – mais *seulement* si je marche dans l'amour réciproque du Père pour moi et de mon amour pour lui. Si l'amour me gouverne, je n'ai même pas besoin de réfléchir aux lois de mon pays. L'amour accomplit automatiquement toutes les lois.

En conclusion, l'amour du Père est le facteur déterminant de votre vie. Utilisez votre interconnexion avec Dieu le Père comme un baromètre de l'atmosphère de votre vie. Si j'ai des sentiments vraiment négatifs à l'égard des gens, le problème n'est pas mon sentiment à l'égard de la personne. Le problème est que j'ai perdu ma connexion avec le Père. Si vous constatez cela dans votre vie, ce sont des symptômes de la perte de connexion entre vous et l'amour du Père. *Revenez à son amour pour vous.* En toute chose, revenez-y, car c'est son amour qui vous donnera la paix, la joie, la patience ou tout ce dont vous avez besoin. Certaines personnes disent : « Il faut vraiment que j'apprenne à être plus patient ». Eh bien, ce n'est pas possible. La patience est le résultat de quelque chose d'autre. La patience vient d'une réalité plus grande. Lorsque son amour est déversé dans votre cœur et que vous aimez quelqu'un, cela ne vous dérange pas d'attendre. Vous attendrez volontiers dix ans, vingt ans ou plus. Vous attendrez jusqu'à la fin de votre vie. Abraham a reçu des promesses qui ne se sont pas réalisées de son vivant. Certaines des choses que Dieu a dites sur votre vie ne s'accompliront pas dans votre propre vie. Elles s'accompliront dans la vie de vos enfants. Certaines des prophéties que Dieu vous a données ne s'accompliront pas – mais si vous y croyez jusqu'au bout, elles s'accompliront dans la vie de vos enfants ou des enfants de vos enfants, car les prophéties se perpétuent de génération en génération. Les prophéties adressées à Abraham s'accomplissent encore aujourd'hui, mais selon l'épître aux Hébreux, il ne les a pas vues s'accomplir. L'amour vous donnera la patience. L'amour vous donnera toutes ces choses.

Parfois, les gens me disent : « Que puis-je faire ? Qu'est-ce que je peux faire dans le ministère ? » Ma réponse à cette question est généralement la suivante : « Réjouissez-vous simplement de l'amour du Père. Si vous continuez à apprécier son amour qui se déverse dans votre cœur, à un moment donné, il commencera à déborder de vous. » Si vous voulez en faire quelque chose, vous n'en serez jamais assez rempli pour pouvoir l'utiliser. Mais si vous lui permettez de continuer à vous aimer et que vous grandissez dans cet amour, le jour viendra où les gens commenceront à vous demander de partager ce qui vous est arrivé et ce qui se passe dans votre vie. Vous commencerez à parler et, alors que l'amour de Dieu débordera de votre cœur, les gens seront bénis.

Ne vous concentrez jamais sur ce qui sort. Concentrez-vous sur ce qui entre. Si l'amour continue à entrer, ce n'est qu'une question de temps avant qu'il ne commence à déborder. J'aime ce que Jack Frost avait l'habitude de dire. Il disait que l'afflux de l'amour du Père n'avait qu'à atteindre le point de 51 % pour que la balançoire bascule de l'autre côté. Il n'est pas nécessaire d'être rempli à 99 % pour toucher les autres. Il suffit d'atteindre un niveau de remplissage de 51 % pour que le point de basculement soit atteint. Réjouissez-vous de recevoir son amour jusqu'à ce que cela se produise. L'amour du Père englobe tout ce qui est chrétien. C'est la substance de l'Évangile. Je pensais autrefois qu'il s'agissait d'une des principales vérités de l'Évangile, mais je vois maintenant que *c'est* l'Évangile.

Ce qu'est réellement 'être un fils'

Être un fils, c'est vivre dans l'amour manifesté du Père. Beaucoup de gens ont fait du fait d'être un fils quelque chose que nous devons faire ou une attitude que *nous* devons adopter. Être un fils, cependant, c'est vivre et expérimenter l'amour du Père dans une relation intime avec lui. C'est recevoir et faire l'expérience de son amour. Nous avons transformé beaucoup de notions dans le christianisme en choses que *nous* devons faire. L'une des principales questions posées par les chrétiens est la suivante : « Comment est-ce que je fais ? Comment marcher comme un fils ? Comment vivre dans cet amour ? » Cela n'a aucun sens. Au sein d'une famille, c'est la relation qui est en jeu. Une personne est un fils ou une fille par relation. Vous grandirez dans le fait d'être un fils, non pas en ayant la bonne attitude envers Dieu, mais en vivant l'expérience qu'il vous aime – *seulement en vivant l'expérience qu'il vous aime.* Son amour pénétrant dans votre cœur vous amènera automatiquement à la maturité.

L'amour est une chose. L'amour est une substance. C'est une énergie émotionnelle d'une substantialité éternelle. Ce n'est rien d'autre que la substance de la vie de Dieu. C'est une substance qui vient du cœur de Dieu et du cœur de Dieu seul. Aucun être humain ne peut vous donner l'amour de Dieu. Cet amour réside dans le cœur même de Dieu. Et lorsqu'il déverse cet amour dans votre cœur, c'est une véritable substance qui entre en vous. Lorsque celle-ci entre en vous, vous *faites* l'expérience d'être aimé. Il ne s'agit pas de *croire* qu'il vous aime, mais *d'être aimé* par lui.

Cette substance changera automatiquement votre vie. Elle produira le fruit de l'Esprit. Elle se manifestera par les traits du *véritable* caractère chrétien. Elle se manifestera à ceux qui vous entourent. Cette substance vous transformera en tout ce qu'un chrétien est censé être. Il est dit de Jésus dans Jean 1:18 :

> *Personne n'a jamais vu Dieu ; le Fils unique, qui est dans le sein du Père, est celui qui l'a fait connaître.*

Certaines personnes essaient de « déclarer » Dieu ; elles prêchent sur des sujets chrétiens sans avoir la connaissance expérimentale du sein du Père. Au fur et à mesure que le corps de Christ mûrit, ces ministères deviendront obsolètes.

Jésus a vécu dans le sein du Père, faisant continuellement l'expérience du cœur d'amour du Père pour lui personnellement. Il ne s'y est pas rendu une ou deux fois ou n'a pas touché le cœur de son Père de temps en temps. Il y *demeurait* – dans le sein du Père.

La raison d'être de « Fatherheart Ministries » est d'enseigner aux gens comment expérimenter continuellement cette substance de l'amour du Père qui sort de son cœur pour entrer dans le nôtre. Comment grandir dans cette expérience ? On se remplit de plus en plus de l'amour du Père. Plus cela se produit, plus vous serez patient, plus vous serez gentil. Vous *donnerez* votre vie pour les autres. Cet amour vous remplira au point de déborder et alors les talents qu'il vous a donnés, les dons de l'Esprit mis à notre disposition à tous et les ministères de l'Esprit donnés pour édifier le Corps de Christ, couleront avec un effet sans précédent et glorifieront vraiment notre Dieu et Père.

La clé du christianisme est la suivante : Si nous devons devenir compétents en quoi que ce soit, soyons le sur ce seul point. *Apprenez à devenir un expert dans la capacité à recevoir la substance de l'amour de Dieu le Père qui se déverse dans votre cœur.* Nous citons souvent ce verset bien connu « L'amour parfait bannit la crainte », pensant qu'il signifie que nous nous inquiéterons moins si nous croyons suffisamment que Dieu nous aime. Non ! Laissez-moi vous dire que, lorsque vous serez rempli de cette substance dans votre cœur, vous n'aurez tout simplement plus la *capacité* de vous inquiéter. Il vous sera même impossible de penser à ce que signifie le concept de peur. Voilà ce qu'est être un fils. En recevant et en continuant à recevoir cet amour dans nos cœurs, nous deviendrons exactement comme Jésus.

Chapitre Sept

Nous avons déjà assisté à un formidable déversement de l'amour de Dieu le Père, mais ce n'était guère plus qu'une éclaboussure en comparaison de ce qui vient. Ne soyez pas satisfaits tant que l'amour du Père ne résidera pas en vous, vous transformant à l'image de Jésus. C'est son amour, résidant en vous, qui vous transforme en chrétien.

Lorsque nous avons rédigé ce livre, nous ne savions pas où placer ce dernier chapitre. Nous ne savions pas si nous devions le mettre en premier ou en dernier. Mon conseil est le suivant : maintenant que vous avez lu tout le livre, relisez-le et vous le comprendrez mieux.

Je crois que nous vivons une époque de restauration de l'Évangile que Paul a prêché aux Galates alors qu'ils croyaient à un autre Évangile, un Évangile qui n'était pas une bonne nouvelle. Nous vivons une époque où Dieu rétablit ce qu'est réellement l'Évangile. Nous retrouvons cette ancienne voie négligée pendant des siècles. En apprenant à vivre dans l'expérience de l'amour continu du Père, nous mangeons de l'Arbre de Vie et toutes les questions relatives au véritable christianisme viennent automatiquement dans notre expérience de vie. Jésus nous a acquis le droit d'expérimenter la même liberté que Dieu lui-même. J'espère et je prie pour que ce livre vous remette sur cette route ancienne, porté par l'Esprit Saint dansant, à la ressemblance de Jésus dans l'amour du Père.

Une Invitation...

Si vous avez aimé lire ce livre, nous vous invitons à une « School 'A' »[23] de « Fatherheart Ministries ». Ces « School 'A' » permettent une immersion d'une semaine dans la révélation de l'amour.

Les deux objectifs des « School 'A' » sont :

1. Vous donner l'occasion de vivre une expérience personnelle majeure de l'amour que Dieu le Père a pour vous.
2. Donner une compréhension biblique la plus forte possible de la place du Père dans la vie et la marche chrétienne.

Au cours de l'école, vous découvrirez la perspective complète de la révélation de l'amour du Père. Grâce à une vision révélatrice et à un enseignement biblique solide raconté à travers la vie de ceux qui exercent le ministère, vous serez exposés à un message d'amour, de vie et d'espérance qui transforme.

Vous aurez l'occasion d'éliminer les principaux blocages qui vous empêchent de recevoir l'amour du Père et découvrir votre cœur en tant que véritable fils ou fille. Jésus avait un cœur de fils pour son Père. Il vivait en présence de l'amour du Père. L'Évangile de Jean nous dit que tout ce qu'il disait venait du Père et il ne faisait que ce qu'il voyait faire au Père. Jésus nous invite à entrer dans ce monde en tant que frères et sœurs du premier né.

Alors que nous ouvrons nos cœurs, le Père déverse son amour dans nos cœurs par le Saint-Esprit. C'est dans un cœur transformé par son amour que se produira un changement véritable et durable. Après des années d'efforts et de performances, nombreux sont ceux qui trouvent enfin le chemin du retour, vers un lieu de repos et d'appartenance.

Pour poser votre candidature à une « School 'A' »,
consultez la rubrique « Schools & Events » à l'adresse internet suivante :

www.fatherheart.net

---

23. Ndlr : On pourrait traduire en français 'Ecole A'.

Media Fatherheart

Des exemplaires supplémentaires de ce livre et d'autres ressources de Fatherheart Media sont disponibles à l'adresse internet suivante :

www.fatherheart.net/store – Nouvelle-Zélande
www.amazon.com – Livres de poche et versions Kindle

FATHERHEART MEDIA

Taupo, Nouvelle-Zélande 3330

Visitez-nous à l'adresse internet suivante :
www.fatherheart.net

www.ingramcontent.com/pod-product-compliance
Lightning Source LLC
Chambersburg PA
CBHW051545010526
44118CB00022B/2585